COURIR AU BON RYTHME 2

Catalogage avant publication de Bibliothèque et Archives
nationales du Québec et Bibliothèque et Archives Canada

Cloutier, Jean-Yves, 1957-

Courir au bon rythme 2 : nouveaux programmes, nouveaux
rythmes

ISBN 978-2-89705-055-9

1. Course à pied - Entraînement. I. Gauthier, Michel, 1953-   . II.
Titre.

GV1061.5.C562 2013   796.42   C2013-941704-4

Présidente Caroline Jamet

Directrice de l'édition Martine Pelletier

Directrice de la commercialisation Sandrine Donkers

Éditeur délégué Nathalie Guillet

Conception graphique Yanick Nolet

Montage Célia Provencher-Galarneau

Révision linguistique Natacha Auclair

Correction d'épreuves Yvan Dupuis

L'éditeur bénéficie du soutien de la Société de développement des
entreprises culturelles du Québec (SODEC) pour son programme
d'édition et pour ses activités de promotion.

L'éditeur remercie le gouvernement du Québec de l'aide financière
accordée à l'édition de cet ouvrage par l'entremise du Programme
de crédit d'impôt pour l'édition de livres, administré par la SODEC.

Nous reconnaissons l'aide financière du gouvernement du Canada
par l'entremise du Fonds du livre du Canada (FLC).

Nous remercions le Conseil des arts du Canada de l'aide accordée
à notre programme de publication.

LES ÉDITIONS **LA PRESSE**
Les Éditions La Presse
7, rue Saint-Jacques
Montréal (Québec)
H2Y 1K9

JEAN-YVES CLOUTIER
MICHEL GAUTHIER

COURIR AU BON RYTHME 2

NOUVEAUX PROGRAMMES D'ENTRAÎNEMENT
POUR COUREURS CONFIRMÉS

LES ÉDITIONS **LA PRESSE**

AVERTISSEMENT

REMERCIEMENTS

Nous aimerions remercier les nombreux athlètes et entraîneurs du Club Les Vainqueurs qui ont contribué indirectement à la préparation de ce livre en transmettant depuis 1982 leur expérience et aussi leur passion pour la course à pied.

Nous exprimons aussi notre gratitude à tous les intervenants du milieu de l'athlétisme et de la course sur route du Québec, du Canada et de la France avec qui nous avons partagé cette passion au cours des 40 dernières années.

NOUS REMERCIONS EN PARTICULIER

Monsieur Benoît Leduc, qui a eu la gentillesse de nous accorder une entrevue au cours de la période de rédaction ;

Isabelle Ledroit et Karine Belleau-Béliveau, qui, acceptant de payer la rançon de la gloire, ont bien voulu que nous les citions en exemples dans les deux tomes de *Courir au bon rythme* ;

CYCLIDE, pour son aimable autorisation de reproduire une partie de ses tables de pointage ;

toute l'équipe des Éditions La Presse, qui a grandement contribué à répandre le goût de la course à pied en publiant *Courir au bon rythme* en 2011.

Enfin, tout spécialement, un immense merci à Nathalie Guillet, éditrice déléguée, pour son talent et sa vision, son enthousiasme et sa patience, ses conseils et sa générosité.

Sans elle, c'est bien simple, il n'y aurait pas eu de tome 2!

Je dédie ce livre aux femmes de ma vie:
ma mère Lorraine et ma conjointe Guylaine,
mes sœurs Josée et Nicole
ma fille Janie et ma petite fille Maelle.

Jean-Yves Cloutier

À la mémoire de mon père,
Qui a raté de peu la parution de Courir au bon rythme

À la mémoire de ma mère,
Qui, elle, ne lira jamais le tome 2.

Michel Gauthier

SOMMAIRE

PROLOGUE

Dans les couloirs de l'hôpital Notre-Dame, à Montréal, une belle grande blonde, employée de l'hôpital, aborde un messager. « Je voudrais faire du jogging, lui dit-elle, vous êtes entraîneur, je crois... »

C'est ainsi qu'à 24 ans, Karine Belleau-Béliveau fit ses premiers pas en athlétisme avec le club Les Vainqueurs. Et le reste, comme le dit le cliché, c'est de l'histoire.

Il n'a fallu que quelques entraînements à Jean-Yves Cloutier, car c'est bien de lui qu'il s'agit, pour mesurer la valeur de ce diamant brut. Un talent naturel et exceptionnel qui pouvait conduire celle qui « voulait faire du jogging » à fouler un jour les pistes d'athlétisme du monde entier et représenter son pays dans les grandes compétitions internationales.

Jean-Yves s'est donc mis en mode « coaching d'une athlète d'élite », comme il l'avait fait à tant d'occasions auparavant.

C'est ainsi que d'entraînements en compétitions, Karine a patiemment pris du galon et développé son talent pendant cinq ans. En 2013, elle réalisait le meilleur temps canadien de l'année au 1 500 m en salle au Canada. Elle a contribué à fracasser le record canadien du relais 4 × 800 m à la célèbre rencontre des Penn Relays, aux États-Unis, lors de sa première sélection sur l'équipe canadienne. Sacrée vice-championne canadienne au 800 m à Moncton, elle allait par la suite réaliser le standard B à Victoria, se méritant ainsi une deuxième sélection sur l'équipe canadienne pour le Championnat mondial d'athlétisme disputé à Moscou en août 2013 où sa course endiablée l'a fait remarquer.

Pour un entraîneur, accompagner une athlète jusqu'à sa sélection sur l'équipe nationale n'est pas anodin. En fait, peu d'entraîneurs ont eu ce privilège. Le mentor de Jean-Yves, Benoît Leduc, a réalisé l'exploit d'être l'entraîneur de l'équipe nationale canadienne pas moins de 17 fois! On n'est pas près de revoir cela. Peut-être avons-nous tous quelque chose à apprendre de ses méthodes?

Quant à Jean-Yves, c'est la deuxième fois qu'une de ses athlètes est sélectionnée sur l'équipe canadienne. Avant Karine, il y avait eu Isabelle Ledroit. Karine au 800 m et Isabelle au marathon, aux deux extrêmes des distances officielles du demi-fond et du fond. Peut-on appliquer avec succès la même philosophie d'entraînement aux coureurs de 800 m et aux marathoniens ? Il semble bien que dans la pratique, cela soit possible. Isabelle est arrivée trente-huitième au Championnat du monde de 2001. Jusqu'où ira Karine ? Seul le temps le dira.

Mais Jean-Yves n'est pas que l'entraîneur de la cent dix-huitième coureuse de 800 m au monde en 2012, c'est aussi votre coach ! Soyez assuré que, dans ce deuxième tome de *Courir au bon rythme,* il vous fera profiter de son expérience avec la même passion, le même enthousiasme et le même sérieux que si vous vous nommiez Karine ou Isabelle !

Michel Gauthier

AVANT-PROPOS

En mars 2011, nous vous proposions de «courir au bon rythme» pour connaître du succès en course à pied. *Courir au bon rythme* avait pour but d'«accompagner les coureurs de la deuxième vague» en offrant programmes et conseils pour l'entraînement et la compétition. Notre objectif était d'exposer de manière simple et accessible une approche performante, sécuritaire et économique de l'entraînement d'un coureur sur route; une approche héritée du plus grand entraîneur de l'histoire de l'athlétisme au Québec, Benoît Leduc. Une approche que Jean-Yves Cloutier a adaptée et enrichie au cours de toute une vie consacrée à l'entraînement d'athlètes de tous les niveaux. L'accueil chaleureux que vous avez offert à *Courir au bon rythme* nous a touchés et nous sommes honorés de votre confiance.

Depuis la parution de *Courir au bon rythme*, le paysage de la course à pied a bien changé et pour le mieux!...

- Le nombre de coureurs augmente toujours : une augmentation de 36,2 % du nombre de coureurs ayant terminé une compétition pour la seule année 2012 par rapport à 2011 ; 268 % d'augmentation de la participation en 5 ans![1]

- Les femmes sont toujours les championnes de cette deuxième vague : elles constituent maintenant la majorité des finissants aux épreuves du 5 km et du 10 km et elles sont tout près d'être majoritaires au demi-marathon (43,2 % en 2012).

- La course n'est plus un phénomène urbain. Il y a maintenant des courses à pied partout au Québec, dans toutes les régions sans exception, ce qui était loin d'être le cas il y a quelques années.

- Les publications portant sur la course à pied se sont multipliées : de nombreux magazines ont vu le jour et pas moins de sept livres sur la course à pied ont paru au cours de la seule année 2013!

Ces données vous sont familières. Derrière elles se cache une autre réalité qui passe inaperçue : il y a maintenant beaucoup plus de coureurs ayant deux ans et plus d'expérience qu'au moment de la parution de *Courir au bon rythme*. À nos yeux, cela revêt une grande

---

1   Merci à Réjean Gagné pour le travail formidable de statisticien. Pour connaître les détails, allez sur son site www.iskio.ca

importance. C'est qu'après deux ans d'entraînement les coureurs passent à la deuxième étape de leur « carrière ». Nous disons alors d'eux qu'ils sont devenus des coureurs confirmés.

Pour continuer d'accompagner les coureurs de la deuxième vague, il fallait mettre à jour *Courir au bon rythme* de façon qu'il reflète cette nouvelle réalité. Voici donc le tome 2, un guide pour l'entraînement et la compétition des coureurs confirmés.

Ce deuxième tome développe le mode d'entraînement décrit dans le premier tome. Il présente aux coureurs qui sont maintenant confirmés des outils servant à l'entraînement qui ne pouvaient leur être proposés dans le premier tome. Celui-ci a permis à des dizaines de milliers de personnes de s'initier à la course à pied, et le second tome permettra aux coureurs confirmés de continuer à progresser en suivant un programme d'entraînement plus intensif et plus complet. Et comme nous avons de la suite dans les idées, nous proposons, bien entendu, de l'appliquer en... courant au bon rythme!

Cela dit, notre point de vue sur la course à pied reste le même. Nous tenons levée la bannière de la deuxième vague et de ses principes :

- nous sommes tous des coureurs, quel que soit le niveau de nos performances ;
- on court sur toutes les distances, pas seulement en vue du marathon ;
- on court pour la forme d'abord (et le plaisir), pour la performance ensuite.

Pour la plupart des coureurs, ces trois énoncés sont clairs et suffisants. Il s'en trouvera même qui, de façon tout à fait légitime, jugeront pleinement suffisants les programmes du premier tome.

Mais le dernier énoncé (la forme d'abord, la performance ensuite) laisse parfois certains coureurs confirmés dans l'ambivalence. Ils ont connu du succès dans leurs premières années d'entraînement et de compétition. Leurs exploits personnels les ont surpris, inspirés et parfois enflammés. Imperceptiblement, la volonté toute naturelle d'améliorer ses performances grandit chez ceux qui se prennent au jeu de la course à pied. Ils aiment toujours courir pour maintenir la forme, mais ils sentent le besoin d'affronter la compétition et de gagner en performance.

Yves Boisvert a parfaitement exprimé ce désir de nombre de coureurs confirmés dans son livre formidable intitulé *PAS* :

«Et pourtant, à quiconque me parlait de course à pied, je ne manquais jamais de souligner que je courais pour la forme, pour combattre le stress, pour me libérer l'esprit des mille encombrements de l'actualité et de la vie de famille, pour méditer en somme. Toutes choses rigoureusement vraies.

J'ai réalisé ou, plus exactement, je me suis avoué, ce printemps-là, que depuis longtemps je ne courais plus du tout pour être en forme... j'occultais l'évidence : je veux courir plus vite, plus longtemps. De plus en plus vite, de plus en plus longtemps. Je veux être le meilleur!»[2]

Nombreux sont les coureurs confirmés qui se sont posé la question suivante : «Je veux faire mieux. Comment faire pour aller plus vite, plus loin, maintenant que j'ai une certaine expérience?»

Nous tenterons de répondre à cette question dans le présent livre. Même philosophie, même approche, mais de nouveaux programmes et des conseils plus précis sur l'entraînement et la compétition, des conseils conçus pour des gens qui ont deux ans d'expérience.

Que vous soyez un coureur confirmé qui ne court «que pour la forme» ou un coureur avide de se dépasser, vous trouverez dans *Courir au bon rythme 2* ce qu'il vous faut pour continuer à vous développer et mettre à profit vos deux années d'expérience.

Les programmes que nous vous proposons dans ce deuxième tome vous inspireront et vous rassasieront. Vous y trouverez des recettes pour performer de manière sécuritaire, efficace et progressive, selon votre niveau de performance actuel. En les suivant, vous éviterez les écueils sur lesquels ont échoué ces coureurs de la première vague qui, en cessant de courir au bon rythme, ont laissé sur le bitume leur envie de courir.

Notre but ultime est de vous amener à tirer profit de la course à pied tout au long de votre vie! Rien de moins!

2   Yves Boisvert, *Pas*, Montréal, Editions La Presse, 2013, p. 67

1:00,00

TOUT N'A PAS ÉTÉ DIT SUR COURIR AU BON RYTHME

VOUS ÊTES UN COUREUR CONFIRMÉ

UN APERÇU DES NOUVEAUX PROGRAMMES D'ENTRAÎNEMENT

RETOUR SUR LES ÉLÉMENTS CLÉS DE NOTRE PHILOSOPHIE D'ENTRAÎNEMENT

TOUT N'A PAS ÉTÉ DIT SUR COURIR AU BON RYTHME

Courir au bon rythme 2 s'adresse aux coureurs qui s'entraînent régulièrement depuis au moins deux ans, soit depuis au moins deux étés et deux hivers, pratiquement sans interruption (sauf pour le repos annuel, bien entendu). Si vous lisez ces lignes, c'est que vous avez franchi une étape cruciale et que vous êtes maintenant en position de passer à un autre niveau d'entraînement. C'est pour vous que nous avons conçu les programmes exclusifs que vous trouverez dans ces pages.

L'idée de proposer des programmes d'entraînement adaptés à l'expérience des coureurs fait partie intégrante de la philosophie de *Courir au bon rythme*. On pourrait même affirmer qu'elle est aussi cruciale que les notions d'entraînement en endurance fondamentale et en intensité que nous avons présentées dans le premier volume. En fait, il s'agit de leur complément indispensable et indissociable. *Courir au bon rythme 2* nous donne l'occasion de poursuivre l'exposé de cette philosophie de l'entraînement.

L'idée que l'on retrouve en filigrane dans presque toutes les pages de *Courir au bon rythme*, c'est qu'il faut construire de solides assises à l'entraînement et que la construction de ces assises nécessite du temps. Grosso modo, cela demande environ deux ans. Au cours de cette période, il est prématuré de pousser la machine trop à fond. Il faut se garder certaines réserves et laisser le temps faire son œuvre. Faire autrement, c'est s'exposer au surentraînement, à l'origine de bien des blessures.

S'appuyant sur de solides assises, les coureurs confirmés ont la capacité d'intégrer les effets d'un entraînement plus poussé et plus exigeant dans le but d'aller plus vite et plus loin et aussi de réaliser de meilleures performances.

Vous nous direz avec raison que ce raisonnement n'a pas de quoi faire trembler les colonnes du temple et qu'il tombe sous le sens qu'un coureur confirmé a la capacité de faire plus à l'entraînement qu'un coureur qui débute. On est tous d'accord. Mais cela n'enlève rien à son importance et à sa pertinence.

Paradoxalement, en effet, on néglige régulièrement de prendre en compte l'expérience des coureurs dans les ouvrages sur la course à pied. Combien de programmes d'entraînement sont offerts aux coureurs sans que soit précisé le niveau d'expérience requis pour les adopter ? Trop... malheureusement. Ce n'est pas tout de présenter certains types de séances d'entraînement ou de proposer des programmes fondés sur des objectifs de performance. On doit aussi préciser si un programme d'entraînement est recommandable pour un débutant, même si, du point de vue de la performance, il est à sa portée. En ne précisant pas le niveau d'expérience requis pour adopter de manière productive et sécuritaire tel ou tel programme, on incite les coureurs moins expérimentés à pratiquer des entraînements pour lesquels ils ne sont pas prêts. Or, cela aura tôt ou tard des conséquences sur la longévité de la vie sportive du coureur et sur sa santé.

Courir au bon rythme a paru au moment où des milliers de coureurs gonflaient chaque mois les rangs de ce que nous avons appelé la deuxième vague de popularité de la course à pied au Québec. Son principal but est que ces nouveaux coureurs construisent de telles assises en courant au bon rythme et en suivant un entraînement approprié, modéré et prudent. Il y est suggéré d'adopter une vision à moyen et long terme des bénéfices de l'entraînement et d'y aller graduellement, sans jamais chercher à sauter les étapes. Et cette approche s'est révélée bénéfique et efficace pour des dizaines de milliers de coureurs. *Courir au bon rythme* n'a rien perdu de son à-propos pour la construction d'une assise solide au cours des deux premières années de la pratique de la course à pied.

Toutefois, le nombre de coureurs confirmés ne cessant de grandir — dans certaines épreuves, ces coureurs forment même la majorité —, nous avons voulu répondre à leurs besoins particuliers en leur offrant des programmes d'entraînement adaptés.

Graphiquement, la différence entre les programmes d'entraînement de ce livre et ceux de *Courir au bon rythme* s'illustre de la façon suivante :

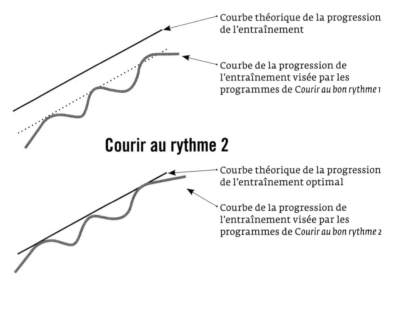

Courir au rythme 1

Courbe théorique de la progression de l'entraînement

Courbe de la progression de l'entraînement visée par les programmes de *Courir au bon rythme 1*

Courir au rythme 2

Courbe théorique de la progression de l'entraînement optimal

Courbe de la progression de l'entraînement visée par les programmes de *Courir au bon rythme 2*

Cette illustration vous donne une idée de ce qui vous attend dans *Courir au bon rythme 2* : un bond quantitatif et qualitatif de l'entraînement qui lève la réserve qui caractérise les programmes de *Courir au bon rythme*, dont l'objectif est de donner de bonnes assises aux coureurs. Les programmes de *Courir au bon rythme 2* feront appel à toutes les capacités acquises au cours des deux dernières années afin de tirer le maximum de l'entraînement.

Au risque de nous répéter, ce qui distingue un coureur confirmé d'un coureur débutant n'a rien à voir avec la performance. Tout est une question de temps et d'expérience à l'entraînement. Il y a ceux qui commencent et il y a ceux qui sont confirmés. Qu'est-ce qui les différencie ? Tout simplement deux ans d'entraînement, et non pas le niveau de leur performance.

KARINE BELLEAU-BÉLIVEAU, DÉBUTANTE… AU SEIN DE L'ÉLITE

La courte mais riche histoire de Karine Belleau-Béliveau, vice-championne canadienne au 800 mètres au Championnat canadien d'athlétisme en 2013, atteste de la justesse de cette attitude.

Dès ses débuts, Karine a démontré un talent exceptionnel au 800 et au 1 500 mètres. Ses résultats, à sa première année, la plaçaient déjà dans les pelotons de tête des épreuves auxquelles elle participait au Québec. Mais du point de vue de l'entraînement, c'était une débutante, pas une coureuse confirmée. Cela fait drôle à dire, mais elle était débutante… parmi l'élite!

Son entraînement a donc été conçu avec cette réalité en tête. Il fallait de la patience. Cela veut dire que les athlètes confirmés de sa discipline et de son niveau pratiquaient des entraînements que Karine ne pratiquait pas de la même manière et à la même hauteur. Non pas que ces programmes fussent «trop forts» ou ne fussent pas «bons» pour Karine. Simplement, ils étaient appropriés pour des coureurs *confirmés* de ces disciplines. Il fallait laisser Karine construire ses assises et l'amener à développer son talent naturellement, sans sauter les étapes. La stratégie a porté ses fruits, ses résultats de 2013 obtenus après cinq années d'entraînement en font foi. Nous reviendrons plus loin sur l'entraînement des athlètes de l'élite en suivant la philosophie de *Courir au bon rythme*.

VOUS ÊTES UN COUREUR CONFIRMÉ

PARCE QUE VOUS AVEZ LA FORME...

Deux ans d'entraînement vous laissent dans une forme que vous n'avez probablement jamais connue auparavant (ou que vous avez connue il y a très longtemps!). C'est visible dans les muscles de vos jambes qui sont mieux définis. Une partie du gras de votre corps a laissé place aux muscles, et votre silhouette a probablement aussi connu une nette amélioration. Ce n'est jamais aussi dramatique que dans les photos «avant/après» des messages publicitaires, mais cela se voit tout de même! Votre appareil musculosquelettique est capable de plus grands efforts à moindres coûts, alors que votre système cardiovasculaire est devenu beaucoup plus efficace et performant.

Il s'est probablement produit un déclic au cours de votre deuxième année d'entraînement. De retour après avoir franchi une barrière importante sur le plan de la distance ou de votre chrono, vous avez réalisé que ce qui hier encore représentait un défi à l'entraînement vous vient beaucoup plus facilement. Vos jambes ont de nouvelles énergies que vous ne leur connaissiez pas. Votre souffle est plus facile. Vous commencez à courir 15 minutes pour vous échauffer avant une session sur piste ou une compétition, alors qu'auparavant vous aviez un peu l'impression de gaspiller vos énergies en agissant de la sorte. Vous devez aussi vous surveiller davantage pour courir au bon rythme, surtout en endurance fondamentale parce que, tout naturellement, l'entraînement vous a donné des ailes. Vous voilà sur un nouveau palier. Vous devenez un coureur confirmé.

VOUS ÊTES AUSSI PLUS COMPÉTENT

Vous avez aussi appris dans vos jambes et tout votre corps (y compris votre cerveau) à courir à différents rythmes précis à l'entraînement et en compétition. Progressivement, vous avez appris à doser vos efforts et à reproduire, à volonté, des rythmes précis qui correspondent réellement à votre niveau et vous assurent de courir au bon rythme. Vous vous connaissez beaucoup mieux comme coureur. Il ne vous arrive plus de vous lancer dans une compétition de 5 km au rythme d'un 10, ou vice et versa. Vous êtes passé par là.

Vous savez courir en endurance fondamentale, au rythme 1 (R1) et vous ne faites plus dans l'à-peu-près (au *feeling,* disions-nous dans *Courir au bon rythme*). Vous connaissez le rythme 2 (R2), celui du marathon — celui que vous pourriez tenir 3, 4 ou 5 heures! Vous pouvez passer du rythme 3 (R3) au rythme 4 (R4), presque à la demande. Vous êtes même en mesure de distinguer le rythme d'une course lente de récupération du rythme de l'endurance fondamentale.

Il ne fait aucun doute pour certains que vous êtes plus intelligent. Eh oui, on ne l'a pas souligné souvent, ce bienfait de la course à pied. Elle rend plus intelligent! Les pédagogues affirment que cette compétence est le fruit d'un type d'intelligence qu'on appelle kinesthésique — qui se manifeste par la capacité de mobiliser son corps pour communiquer ou s'exprimer dans un contexte artistique (penser danseurs et musiciens ici) ou pour pratiquer une activité sportive.

Cette compétence à courir au bon rythme, à tous les rythmes, fait vraiment la différence entre les coureurs confirmés et les coureurs qui en sont à leurs premières armes. (Non pas que ces derniers ne soient pas intelligents, ne nous faites pas dire...) Rappelez-vous simplement vos premiers pas. Combien vous a-t-il fallu d'entraînements, de vérifications, d'essais et d'erreurs pour y arriver? Pour la plupart, c'est un vrai casse-tête que de reproduire des rythmes précis et de les maintenir, même s'il s'agit de rythmes parfaitement adaptés à leur niveau. Ils courent trop vite, trop lentement, ralentissent, accélèrent, etc.

Sans cette forme physique patiemment développée et sans cette intelligence des rythmes, vous ne pourriez espérer adopter les nouveaux rythmes d'entraînement ni supporter le volume de travail qui vous sera proposé dans les nouveaux programmes de *Courir au bon rythme 2*. Ils ne sont appropriés que pour les coureurs confirmés.

UN APERÇU DES NOUVEAUX PROGRAMMES D'ENTRAÎNEMENT

Passons tout de suite en revue comment vous pourrez mettre à profit vos capacités de coureur confirmé en adoptant ces nouveaux programmes. Ne vous en faites pas, nous reviendrons plus loin pour discuter technique et vous conseiller sur les manières d'intégrer ces nouveautés dans votre entraînement.

UN VOLUME DE TRAVAIL AUGMENTÉ

Vous devrez abattre un plus grand volume de travail à l'entraînement. L'augmentation du volume d'entraînement est substantielle. Grosso modo, il est de 15 % supérieur au volume des programmes que vous connaissez. Cette augmentation se traduit dans les grilles par des recommandations de pratiquer quatre ou cinq séances hebdomadaires d'entraînement — et même dans un cas, six séances.

DES CYCLES D'ENTRAÎNEMENT PLUS COURTS

Les programmes de *Courir au bon rythme* s'échelonnent sur une période de mise en forme de 8 semaines, suivie d'une période d'entraînement spécifique de 14 semaines. Dans les nouveaux programmes, la période de mise en forme disparaît au profit d'une période de transition de quatre semaines. Les programmes d'entraînement passent pour leur part à 10 semaines, et ce, pour toutes les distances et tous les niveaux. C'est donc dire que vous aurez accompli un cycle complet d'entraînement en 14 semaines, là où il en fallait auparavant 22.

UN NOUVEAU RYTHME D'ENTRAÎNEMENT

Vous ajouterez un nouveau rythme de course à l'entraînement. Il s'agit du rythme 5 (R5). Il correspond à peu près à la vitesse de compétition dans une épreuve de 2 000 mètres (2 kilomètres). C'est rapide! Ce nouveau rythme est inscrit à l'entraînement des coureurs de tous les niveaux dans *Courir au bon rythme 2*.

Parlant de niveaux, nous avons créé un nouveau groupe de coureurs, le groupe AA, qui se décline en quatre niveaux afin de proposer un programme d'entraînement aux coureurs dont les chronos sont les plus rapides. Il y a donc maintenant trois groupes, AA, A et B, qui englobent 14 niveaux de performances différents.

DES ACCÉLÉRATIONS

Vous serez aussi appelé à insérer de courtes accélérations durant certaines de vos séances. Ces petits sprints de 15 secondes à vitesse modérée vous seront très bénéfiques et ajouteront du piquant à votre entraînement.

TROIS RYTHMES DIFFÉRENTS DURANT LA MÊME SÉANCE

Au cours de certaines séances, vous serez appelé à pratiquer non pas deux, mais trois rythmes d'entraînement différents. Par exemple, des répétitions au R4 suivront une série de répétitions au R3. Cette nouveauté se retrouvera aussi dans toutes les grilles d'entraînement, sans exception. Elle mettra votre sens du rythme au défi.

IL FAUT TOUJOURS COURIR AU BON RYTHME

Avant de plonger dans les détails de l'entraînement et de relever les défis que ces nouveaux programmes vous proposent, il convient de rappeler aux coureurs confirmés que, deux ans plus tard, il faut toujours courir au bon rythme. Vous êtes prêt à élever d'un cran votre entraînement et à atteindre de nouveaux sommets ? Soit. Mais cela ne signifie pas que, dorénavant, il faille commencer à courir au *feeling* ou à pousser la machine de manière inconsidérée. Au contraire, il vous faut redoubler de vigilance et d'attention pour respecter tous les rythmes prescrits. C'est la clé pour tirer les bénéfices de ces nouveaux entraînements et éviter la fatigue, le surentraînement et les blessures inutiles.

RETOUR SUR LES ÉLÉMENTS CLÉS DE NOTRE PHILOSOPHIE D'ENTRAÎNEMENT

VOUS CONSACREREZ 70 % DE VOTRE ENTRAÎNEMENT À LA COURSE AU RYTHME DE L'ENDURANCE FONDAMENTALE

Il est donc primordial d'adopter le rythme qui correspond à ce type d'entraînement — votre rythme en endurance fondamentale. La majorité des coureurs adopteront spontanément un rythme plus rapide s'ils ne se concentrent pas. Ce rythme se situera probablement près du R2, qui correspond au rythme du marathon. Or, la moitié du succès de votre entraînement repose sur l'adoption du bon rythme en endurance fondamentale. En principe, votre expérience devrait vous prémunir contre cette erreur de débutant, mais comme nous vous convions à des entraînements plus exigeants, cela devient impératif. Votre rythme en endurance fondamentale est établi en fonction d'un temps de référence qui représente le niveau actuel de votre forme. Consultez les grilles que vous trouvez aux pages 48 à 71. Si le R1 suggéré vous paraît trop lent, rappelez-vous que c'est surtout parce que vous avez tendance à courir trop vite — pas le contraire!

LAISSEZ LA MAGIE DES INTERVALLES OPÉRER

Un programme d'entraînement, c'est une recette qui allie 70 % de course en endurance fondamentale et 30 % en intensité avec des répétitions à des rythmes plus rapides, préalablement définis, qu'on appelle des intervalles. Il s'agit d'un dosage planifié non seulement pour établir le contenu de chaque séance, mais aussi le contenu des trois, quatre ou cinq séances de la semaine ainsi que les variations de volume d'une semaine à l'autre jusqu'au jour J — celui de la compétition. Il faut donc laisser la magie des intervalles et de l'entraînement opérer complètement et progressivement en respectant les dosages et les rythmes recommandés. Cette magie en a d'ailleurs surpris plusieurs qui l'ont expérimentée malgré leur scepticisme initial. Il peut de prime abord paraître contre-intuitif de penser que c'est en courant «lentement» (au bon rythme en endurance fondamentale) qu'on arrive à courir plus vite et plus loin en compétition, mais c'est bien à cette enseigne que loge la magie des intervalles.

ADOPTEZ UN PROGRAMME QUI CORRESPOND À VOTRE NIVEAU DE FORME ACTUELLE

Il est important de choisir la grille d'entraînement appropriée — celle qui correspond au niveau de votre forme actuelle et à des objectifs réalistes. Le temps de référence qui servira à établir votre groupe et votre niveau est un résultat obtenu récemment en compétition. Pas votre temps de rêve! Les nouveaux programmes présentent 14 niveaux étalés sur 3 groupes. Ce riche éventail vous permettra d'identifier avec précision votre niveau. Si votre temps de référence «tombe» entre deux grilles, choisissez celle qui se trouve immédiatement à l'échelon inférieur. Si vous vous retrouvez dans cette situation, il est aussi possible d'utiliser la règle de trois pour adapter les rythmes suggérés.

Comme tous les rythmes d'entraînement sont établis en fonction de ce temps de référence, il ne faut pas tricher : avec l'augmentation du volume et de l'intensité du travail qui vous attend, de petites différences peuvent à la longue causer de grands soucis.

La distinction que l'on a souvent tendance à ne pas faire, c'est celle qui sépare l'entraînement de la compétition. Chaque jour n'est pas une épreuve ! L'entraînement c'est un temps de préparation pour la compétition. C'est en compétition que l'on réussit habituellement à établir un nouveau temps de référence. Établir un nouveau temps de référence en compétition démontre que notre entraînement nous a fait progresser.

Il faut donc adopter les bons rythmes à l'entraînement et avoir confiance dans son programme. En vous entraînant à l'intérieur de vos moyens, à des rythmes qui correspondent réellement à votre valeur, vous saurez assimiler tous les effets de l'entraînement tout au long des semaines de votre programme. Vous vous présenterez à la compétition frais et dispos, prêt mentalement et physiquement à vous tester et à mesurer les progrès que vous aurez réalisés au fil des semaines. Si vous établissez une nouvelle marque personnelle ou un nouveau temps de référence, utilisez les rythmes qui sont associés à votre nouveau temps de référence et poursuivez l'entraînement en suivant le même programme.

2:00,00

LES GRILLES D'ENTRAÎNEMENT POUR LES COUREURS CONFIRMÉS

LES GRILLES D'ENTRAÎNEMENT POUR COUREURS CONFIRMÉS

Si vous avez lu *Courir au bon rythme*, vous vous trouverez en terrain connu lorsque vous consulterez les grilles d'entraînement des pages qui suivent. Elles sont essentiellement présentées de la même façon. Ceux qui abordent ces grilles pour la première fois trouveront comment les utiliser un peu plus loin dans ce livre (pages 44-45).

Nous considérerons d'abord le côté technique des nouveautés annoncées dans le chapitre précédent. Plusieurs de ces nouveautés modifient en profondeur le contenu des séances d'entraînement, particulièrement le travail en intensité. L'augmentation du volume de travail, qui caractérise ces nouvelles grilles d'entraînement, ne nécessite pas d'explication particulière à ce stade. Disons pour le moment qu'elle se traduit par une augmentation du nombre de séances d'entraînement hebdomadaires et de leur durée.

Une fois ces nouveautés au sujet du travail en intensité bien comprises, les coureurs confirmés pourront enfin examiner en détail les grilles qui leur conviennent et dresser leur propre calendrier d'entraînement en fonction de leurs objectifs. (Le premier chapitre de la section 3 « Conseils sur l'entraînement » est consacré à la planification biennale des entraînements et à l'établissement des objectifs.)

UN NOUVEAU RYTHME D'ENTRAÎNEMENT, LE R5

Il manquait cet élément majeur pour compléter les plans d'entraînement proposés dans *Courir au bon rythme* et les adapter aux capacités des coureurs confirmés. Le rythme 5. Voici ce que nous en disions dans *Courir au bon rythme (page 123)* :

« Un programme pour les coureurs avancés devrait comprendre des indications pour un cinquième rythme d'entraînement que nous n'avons pas exposé ni appliqué dans le cadre du présent ouvrage. Le R5, comme on pourrait le nommer, serait attribué à tous ces coureurs à partir des mêmes valeurs de référence que pour les quatre autres rythmes d'entraînement : le R1, R2, R3 et R4. Cependant son rythme serait plus rapide, ce qui le rapprocherait davantage de la vitesse atteinte dans une épreuve de 2 km. »

Maintenant, c'est fait. Ainsi, on peut affirmer que les grilles d'entraînement de *Courir au bon rythme 2* sont très proches des entraînements supervisés que dirige Jean-Yves depuis des années avec les coureurs du Club Les Vainqueurs.

L'idée de ces courtes répétitions est d'apprendre à courir à un rythme plus élevé, d'améliorer sa coordination et la fluidité de son action. Rappelez-vous que l'effet d'entraînement tient tout autant à l'exécution de ces répétitions au bon rythme qu'à l'intervalle effectuée au R1, durant les périodes « entre » chacune d'elles. Si on améliore sa capacité aérobie et sa mécanique lorsqu'on court à des rythmes plus rapides, c'est quand ensuite on retourne au R1 et que l'on récupère à cette vitesse que le conditionnement se produit. Consultez le tableau suivant pour déterminer à quelle vitesse vous devriez courir les répétitions en R5 qui sont inscrites au programme.

Tableau pour présenter le R5

Niveau	Si vous avez réussi	R5	100 premiers mètres
AA	Marathon : 2 h 38 21,1 km : 1 h 14 10 km : 33:22 5 km : 16:05	2:56/km (20,4 km/h)	17,6 s
	Marathon : 2 h 45 21,1 km : 1 h 18 10 km : 35:00 5 km : 16:55	3:06/km (19,3 km/h)	18,6 s
	Marathon : 2 h 52 21,1 km : 1 h 21 10 km : 36:40 5 km : 17:45	3:13/km (18,7 km/h)	19,3 s
	Marathon : 2 h 59 21,1 km : 1 h 24 10 km : 38:20 5 km : 18:35	3:23/km (15,7 km/h)	20,3 s
A	Marathon : 3 h 05 21,1 km : 1 h 28 10 km : 40:25 5 km : 19:35	3:30/km (17,1 km/h)	21,0 s
	Marathon 3 h 15 21,1 km : 1 h 33 10 km : 42:30 5 km : 20:15	3:40/km (16,4 km/h)	22,0 s
	Marathon : 3 h 30 21,1 km : 1 h 40 10 km : 45:00 5 km : 21:00	3:50/km (15,6 km/h)	23,0 s
	Marathon : 3 h 45 21,1 km : 1 h 47 10 km : 47:30 5 km : 22:30	4:05/km (14,7 km/h)	24,5 s
B	Marathon : 4 h 00 21,1 km : 1 h 55 10 km : 50:00 5 km : 23:45	4:15/km (14,1 km/h)	25,5 s
	Marathon : 4 h 15 21,1 km : 2 h 02 10 km : 53:20 5 km : 25:00	4:30/km (13,3 km/h)	27,0 s
	Marathon : 4 h 30 21,1 km : 2 h 09 10 km : 56:40 5 km : 26:40	4:45/km (12,6 km/h)	28,5 s
	Marathon : 4 h 45 21,1 km : 2 h 16 10 km : 60:00 5 km : 28:15	5:00/km (12,0 km/h)	30,0 s
	Marathon : 5 h 00 21,1 km : 2 h 23 10 km : 64:10 5 km : 30:00	5:20/km (11,2 km/h)	32,0 s
	Marathon : 5 h 15 21,1 km : 2 h 31 10 km : 68:20 5 km : 32:10	5:40/km (10,5 km/h)	34,0 s

C'est vite, mais ce n'est pas un sprint non plus! Ne cherchez pas de blocs de départ pour courir les répétitions au R5 et ne cherchez pas à imiter le style caractéristique des sprinters olympiques. Après tout, on parle d'une vitesse équivalente à celle atteinte lors d'une compétition de 2 km. Évitez donc les départs en catastrophe et les retours brusques au R1. Tout au plus devriez-vous augmenter la cadence de vos foulées et en ajuster la longueur jusqu'à la vitesse demandée.

Chaque fois qu'une répétition au R5 se trouvera inscrite au programme d'une séance, vous aurez à maintenir cette vitesse pendant 45 secondes. Oui, 45 secondes. C'est la durée standard et uniforme pour toutes les répétitions au R5 inscrites dans TOUTES les grilles d'entraînement.

Par exemple, l'entraînement du mardi de la 9e semaine du programme d'entraînement spécifique au 5 km du groupe B est décrit comme suit dans la grille :

35 min

2 x 45 s R5

(45 s entre)

Ce qui se traduit par : la durée totale de l'entraînement sera de 35 minutes. Une fois que vous aurez couru un minimum de 10 minutes au R1 pour commencer la séance, répétez deux fois la séquence suivante : 45 secondes au R5, puis 45 secondes au R1. Reprendre le rythme 1 ensuite jusqu'à la fin de la séance.

UTILISEZ LA PISTE POUR APPRENDRE LE R5

Une piste de 400 mètres est sans doute l'endroit le plus propice à l'apprentissage de ce nouveau rythme d'entraînement. Les montres GPS sont une véritable merveille technologique, mais, à moins que celle que vous possédiez soit vraiment du dernier cri, il est probable que les délais dans les échanges avec les satellites soient trop longs pour vous renseigner avec justesse et à temps sur le changement de rythme effectué.

Pour éviter d'y aller par essais et erreurs ou pire encore au seul *feeling*, rendez-vous sur une piste, échauffez-vous en profondeur, hors piste pour commencer. Parcourez ensuite un tour de piste au R1 en vérifiant la justesse de votre rythme à tous les 100 mètres (comparez avec la lecture donnée par le GPS). Allez-y ensuite sur des distances plus courtes, comme 300 mètres, et testez votre rythme au R2, R3 et R4 — toujours en vous fiant aux tracés de la piste et aux indications de votre chronomètre (tout en les comparant aux données du GPS).

Faites ensuite l'essai de courir 100 mètres au R5. Joggez pour revenir. Répétez l'exercice à quelques reprises et vous ne tarderez pas à fixer vos repères. Vous serez ensuite en mesure de reproduire ce rythme à l'entraînement sur 45 secondes.

À défaut d'une piste, une bande bien mesurée de 100 ou 200 mètres, sur un terrain plat et en ligne droite peut aussi bien faire l'affaire. Créer une telle bande et y installer des repères est un investissement de temps qui pourrait vous rapporter gros.

L'important, c'est d'apprendre dans nos jambes et notre mémoire quel est son rythme R5 et de pouvoir le reproduire lors des entraînements.

FAIRE DES ACCÉLÉRATIONS

Voici un type d'activité que l'on ne retrouve pas souvent dans les programmes d'entraînement, mais qui néanmoins vaut son pesant d'or. Depuis les débuts du club, les coureurs du club Les Vainqueurs la pratiquent.

Les accélérations, comme leur nom l'indique, consistent en de courts sprints à vitesse modérée.

La vitesse à atteindre à la fin du sprint représente 50 % de la vitesse maximale. On pourrait parler d'un rythme s'approchant de celui qu'on tiendrait dans une compétition de 500 mètres. Pas 60 mètres, mais bien 500 mètres. Dans les grilles d'entraînement, les accélérations sont TOUJOURS d'une durée maximum de 15 secondes. Voici un exemple de leur présentation dans les grilles.

45 min

7 x 15 s

50 %

(5 min entre)

Ce qui se traduit par : la séance est d'une durée de 45 minutes. Après les 10 premières minutes suivant le départ, on doit faire une accélération d'une durée de 15 secondes, à 50 % de sa vitesse maximum, toutes les 5 minutes.

Vous vous étonnerez peut-être du fait que, contrairement à nos habitudes, nous ne spécifions pas de temps précis pour définir ce qu'on entend par 50 % de sa vitesse maximum. Eh oui, c'est bien nous, les auteurs de *Courir au bon rythme*, qui recommandons un entraînement au *feeling* ! On aura tout vu ! Si nous osons le faire, c'est parce que vous êtes des coureurs confirmés, que vous avez le sens, que dis-je ? l'intelligence du rythme ! Nous n'aurions pu proposer un tel exercice dans les programmes de *Courir au bon rythme* ; d'abord parce qu'il faut déjà une bonne dose d'entraînement pour intégrer les accélérations dans son programme et ensuite parce que la majorité des coureurs avaient à faire l'apprentissage des rythmes à l'entraînement.

Comment arrive-t-on à courir au rythme de la moitié (50 %) de sa vitesse maximum ? Pensez à votre rythme le plus rapide sur un demi-kilomètre. C'est la pointe de vitesse que vous chercherez à tenir pendant 15 secondes (et non 3 secondes !). Quand on y pense, 50 % de sa vitesse maximum, ce n'est pas si rapide.

Les accélérations font de petits miracles à l'entraînement quand on les pratique telles qu'elles sont prescrites. Elles délient les jambes, font monter les pulsations et entraînent l'organisme à récupérer de manière plus efficace tout en améliorant la fluidité de la foulée à tous les rythmes.

COMBINER LES TYPES DE RÉPÉTITIONS

Certains jours, il vous sera suggéré de combiner trois rythmes différents durant la même séance d'entraînement. Jusqu'ici vous étiez habitué à pratiquer des répétitions au R2, au R3 ou au R4. Lors de ces séances particulières, une deuxième série de répétitions à un rythme plus rapide viendra s'ajouter à la première. Voici un exemple tiré de la 9e semaine du programme d'entraînement spécifique du 5 km du groupe A — semaine 9 :

40 min
2 x 5 min R3
1 x 5 min R4
(5 min entre)

Ce qui devrait se lire : la séance doit durer 40 minutes. Après les 10 premières minutes au R1, répétez deux fois la séquence suivante : 5 min au R3 et 5 min au R1, puis enchaînez avec 5 minutes au R4. Le reste de la séance se déroule au R1.

Ces séances mettront à l'épreuve votre sens du rythme et se révèleront assez exigeantes sur le plan physique. Il n'y a qu'une seule façon de les compléter : courir au bon rythme. Si vous aviez l'habitude de «tricher» au R3, vous risquez de manquer de jus lorsqu'il vous faudra repartir en R4. Des séances comme celles-là ne pardonnent pas !

Ce sont par ailleurs des séances «payantes» — elles sont formatrices et très productives sur le plan du conditionnement. Elles vous donneront l'occasion d'élever votre compétence et votre capacité à passer d'un rythme à l'autre durant l'entraînement. Une excellente préparation en vue des compétitions.

OPTEZ TOUJOURS POUR LA PRUDENCE

En cas de doute, il faut en faire moins. Chaque coureur a sa propre histoire, ses propres forces et ses propres faiblesses. Même si dans l'ensemble les coureurs confirmés ont la capacité de suivre ces programmes, tenez compte de votre âge, de votre expérience, de votre rythme de vie et retenez qu'il vous faudra peut-être une période d'adaptation pour arriver à respecter les rythmes recommandés pour les répétitions. C'est normal.

S'il vous est impossible de revenir en plein contrôle au R1 entre et après les répétitions : ne cherchez pas à courir «à tout prix» aux rythmes recommandés pendant les répétitions. Si vous vous sentez fatigué, n'hésitez pas à diminuer le nombre de répétitions recommandé ou à prolonger la durée de la période «entre» si vous n'avez pas complètement récupéré entre les répétitions. Progressivement, vous vous y ferez.

Retenez que les blessures ne se révèlent pas toutes de manière violente, sur la route en cours d'entraînement comme un claquage ou une déchirure. Souvent, elles sont causées par de la fatigue accumulée et se révèlent plutôt de manière insidieuse, voire mystérieuse, le lendemain, le surlendemain et sans qu'on puisse mettre le doigt sur une cause précise. Un petit bobo ici, un autre là... Soyez vigilant.

Pendant l'entraînement, le corps est échauffé et il répond souvent sans trop rechigner à nos commandes. C'est après l'effort, quand il revient à la normale, que les dégâts se font parfois sentir. C'est une autre bonne raison pour respecter les rythmes et le volume suggéré et ne pas écouter la petite voix qui vous suggère d'en faire un peu plus ou d'aller un peu plus vite. Errez du côté de la prudence en cas de doute et n'improvisez pas de cocktail maison à l'entraînement.

N'oubliez pas que ces nouveaux programmes exigent un plus grand volume de travail, ce qui implique une plus grande intensité à l'entraînement. C'est aussi sans compter le fait que les cycles d'entraînement sont plus courts et s'additionnent plus rapidement.

Toutes les précautions ont été prises pour doser adéquatement le travail en endurance fondamentale et les exigences du travail en intensité dans ces programmes. Aussi pouvons-nous vous assurer une fois encore que les coureurs confirmés s'y adapteront assez facilement, comme ils ont pu le faire avec les programmes de *Courir au bon rythme*. Les assises sont bonnes!

VISITE GUIDÉE D'UNE GRILLE D'ENTRAÎNEMENT DE COURIR AU BON RYTHME

Si les grilles d'entraînement de *Courir au bon rythme* vous sont familières, vous pouvez passer les lignes qui suivent et vous rendre directement à la prochaine section intitulée «La marche à suivre» (page 44).

Voici cependant quelques repères pour aider ceux qui en sont à leurs premiers contacts avec nos grilles d'entraînement à bien les interpréter.

- La première colonne de chaque grille fait le compte à rebours des semaines vous séparant de la compétition qui couronnera votre programme d'entraînement. Au tout début d'un programme d'entraînement spécifique, vous êtes à 10 semaines de la compétition, la semaine suivante à 9, etc.

- Chacune des autres colonnes représente les journées de la semaine, du lundi au dimanche. (La flexibilité du programme au regard des jours de la semaine est discutée dans la section «Vos questions : s'adapter et adapter les grilles d'entraînement à la vraie vie» [page 90]).

- R signifie REPOS. Pour les coureurs qui le désirent, il peut s'agir d'un repos actif, où l'on pratique un autre sport, mais de manière très modérée. Le repos et la récupération font partie intégrante du programme d'entraînement et doivent être pratiqués aussi «sérieusement».

- À moins d'indication contraire, chaque séance se déroule au R1. La durée totale de la séance est inscrite à la première ligne de la description de chaque séance d'entraînement.

- Courez toujours au moins 10 minutes au R1 pour commencer vos séances d'entraînement avant d'entamer les répétitions – question de se réchauffer.

- Le nombre, le rythme et la durée des répétitions sont présentés à la deuxième ligne de la description de chaque séance. Les coureurs reviennent au R1 pendant le temps indiqué «entre» les répétitions.

- Consultez le chapitre suivant pour tout ce qui se rapporte à l'établissement d'un calendrier combinant des périodes de transition et d'entraînement ainsi que le choix des compétitions.

LA MARCHE À SUIVRE

1. DÉTERMINEZ VOTRE GROUPE ET VOTRE NIVEAU

Les programmes d'entraînement qui suivent s'adressent à vous si vous êtes un coureur confirmé qui a un minimum de deux ans d'expérience en course à pied et qui a participé à un minimum de 10 compétitions dans les 24 derniers mois.

Comme nous l'avons souligné à maintes reprises, vos succès reposent sur le fait de courir au bon rythme. Aussi est-il de la première importance de connaître votre rythme d'entraînement en endurance fondamentale, ainsi que les autres rythmes d'entraînement qui correspondent à votre niveau actuel.

Consultez les tableaux synopsis aux pages 46 et 47. Vous y trouverez les chronos et les rythmes d'entraînement des trois groupes (AA, A et B) et des 14 niveaux de coureurs qu'ils englobent.

Retrouvez dans la première colonne des grilles, un chrono que vous avez réalisé récemment sur l'une ou l'autre des distances : 5 km, 10 km, demi-marathon (21,1 km) ou marathon. Il faut choisir sa grille d'entraînement en fonction d'un temps de référence récemment réalisé en compétition et qui reflète votre niveau de forme actuel. Il n'est pas recommandé de choisir une grille en fonction de ses opinions ou de ses désirs. Si votre résultat se situe entre deux niveaux, n'hésitez pas à faire la moyenne des temps des deux groupes entre lesquels vous vous situez pour déterminer les rythmes d'entraînement adéquats.

Une fois que vous aurez repéré votre chrono dans la grille, vous saurez :

· à quel groupe vous appartenez ;

· à quel niveau vous vous situez dans ce groupe ;

· quels sont les cinq rythmes que vous devriez suivre à l'entraînement.

2. RENDEZ-VOUS DANS LES PAGES SUIVANTES POUR RETROUVER LE PROGRAMME D'ENTRAÎNEMENT QUI CORRESPOND À LA DISTANCE SUR LAQUELLE VOUS VOULEZ VOUS ENTRAÎNER AINSI QU'À VOTRE TEMPS ET VOTRE NIVEAU.

Consultez ensuite les grilles d'entraînement qui correspondent à votre niveau. Les grilles sont toutes présentées dans le même ordre :

· programme du 5 km pour les groupes AA (page 48), A (page 50) et B (page 52) ;

· programme du 10 km pour les groupes AA (page 54), A (page 56) et B (page 58) ;

· programme du demi-marathon pour les groupes AA (page 60), A (page 62) et B (page 64) ;

· programme du marathon pour les groupes AA (page 66), A (page 68) et B (page 70).

Ainsi, si lors d'un test ou d'une épreuve vous parvenez à établir une nouvelle marque de référence, vous n'aurez qu'à adopter les nouveaux rythmes d'entraînement qui lui correspondent et poursuivre votre programme d'entraînement.

Tableau synopsis des rythmes d'entraînement : groupe AA

Si vous avez réussi	R1	R2	R3	R4	R5
Marathon : 2 h 38 **21,1 km : 1 h 14** **10 km : 33:22** **5 km : 16:05**	4:15/km (14,1 km/h)	3:45/km (16,0 km/h)	3:20/km (18,0 km/h)	3:13/km (18,7 km/h)	2:56/km (20,4 km/h) 17,6 s (100 m)
Marathon : 2 h 45 **21,1 km : 1 h 18** **10 km : 35:00** **5 km : 16:55**	4:25/km (13,6 km/h)	3:55/km (15,3 km/h)	3:30/km (17,1 km/h)	3:23/km (17,7 km/h)	3:06/km (19,3 km/h) 18,6 s (100 m)
Marathon : 2 h 52 **21,1 km : 1 h 21** **10 km : 36:40** **5 km : 17:45**	4:35/km (13,1 km/h)	4:05/km (14,7 km/h)	3:40/km (16,4 km/h)	3:33/km (17,0 km/h)	3:13/km (18,7 km/h) 19,3 s (100 m)
Marathon : 2 h 59 **21,1 km : 1 h 24** **10 km : 38:20** **5 km : 18:35**	4:45/km (12,6 km/h)	4:15/km (14,1 km/h)	3:50/km (15,7 km/h)	3:43/km (16,0 km/h)	3:23/km (17,7 km/h) 20,3 s (100 m)

Tableau synopsis des rythmes d'entraînement : groupe A

Si vous avez réussi	R1	R2	R3	R4	R5
Marathon : 3 h 05 **21,1 km : 1 h 28** **10 km : 40:25** **5 km : 19:35**	4:55/km (12,2 km/h)	4:25/km (13,6 km/h)	4:05/km (14,7 km/h)	3:55/km (15,3 km/h)	3:30/km (17,1 km/h) 21,0 s (100 m)
Marathon : 3 h 15 **21,1 km : 1 h 33** **10 km : 42:30** **5 km : 20:15**	5:10/km (11,6 km/h)	4:40/km (12,8 km/h)	4:15/km (14,1 km/h)	4:05/km (14,7 km/h)	3:40/km (16,4 km/h) 22,0 s (100 m)
Marathon : 3 h 30 **21,1 km : 1 h 40** **10 km : 45:00** **5 km : 21:00**	5:30/km (10,9 km/h)	5:00/km (12,0 km/h)	4:30/km (13,3 km/h)	4:15/km (14,1 km/h)	3:50/km (15,7 km/h) 23,0 s (100 m)
Marathon : 3 h 45 **21,1 km : 1 h 47** **10 km : 47:30** **5 km : 22:30**	5:50/km (10,2 km/h)	5:20/km (11,2 km/h)	4:45/km (12,6 km/h)	4:30/km (13,3 km/h)	4:05/km (14,7 km/h) 24,5 s (100 m)

Tableau synopsis des rythmes d'entraînement : groupe B

Si vous avez réussi	R1	R2	R3	R4	R5
Marathon : 4 h 00 **21,1 km : 1 h 55** **10 km : 50:00** **5 km : 23:45**	6:10/km (9,7 km/h)	5:40/km (10,5 km/h)	5:00/km (12,0 km/h)	4:45/km (12,6 km/h)	4:15/km (14,1 km/h) 25,5 s (100 m)
Marathon : 4 h 15 **21,1 km : 2 h 02** **10 km : 53:20** **5 km : 25:00**	6:35/km (9,1 km/h)	6:00/km (10 km/h)	5:20/km (11,2 km/h)	5:00/km (12,0 km/h)	4:30/km (13,3 km/h) 27,0 s (100 m)
Marathon : 4 h 30 **21,1 km : 2 h 09** **10 km : 56:40** **5 km : 26:40**	7:00/km (8,6 km/h)	6:25/km (9,3 km/h)	5:40/km (10,5 km/h)	5:20/km (11,2 km/h)	4:45/km (12,6 km/h) 28,5 s (100 m)
Marathon : 4 h 45 **21,1 km : 2 h 16** **10 km : 60:00** **5 km : 28:15**	7:25/km (9,3 km/h)	6:45/km (8,9 km/h)	6:00/km (10,0 km/h)	5:35/km (10,7 km/h)	5:00/km (12,0 km/h) 30,0 s (100 m)
Marathon : 5 h 00 **21,1 km : 2 h 23** **10 km : 64:10** **5 km : 30:00**	7:50/km (7,6 km/h)	7:05/km (8,5 km/h)	6:25/km (9,3 km/h)	6:00/km (10 km/h)	5:20/km (11,2 km/h) 32,0 s (100 m)
Marathon : 5 h 15 **21,1 km : 2 h 31** **10 km : 68:20** **5 km : 32:10**	8:15/km (7,3 km/h)	7:30/km (8,0 km/h)	6:50/km (8,7 km/h)	6:25/km (9,3 km/h)	5:40/km (10,5 km/h) 34,0 s (100 m)

PROGRAMME D'ENTRAÎNEMENT – 5 km

GROUPE AA

Si vous avez réussi	R1	R2	R3	R4	R5
Marathon : 2 h 38 21,1 km : 1 h 14 10 km : 33:22 5 km : 16:05	4:15/km (14,1 km/h)	3:45/km (16,0 km/h)	3:20/km (18,0 km/h)	3:13/km (18,7 km/h)	2:56/km (20,4 km/h)
Marathon : 2 h 45 21,1 km : 1 h 18 10 km : 35:00 5 km : 16:55	4:25/km (13,6 km/h)	3:55/km (15,3 km/h)	3:30/km (17,1 km/h)	3:23/km (17,7 km/h)	3:06/km (19,3 km/h)
Marathon : 2 h 52 21,1 km : 1 h 21 10 km : 36:40 5 km : 17:45	4:35/km (13,1 km/h)	4:05/km 14,7 km/h)	3:40/km (16,4 km/h)	3:33/km (17,0 km/h)	3:13/km (18,6 km/h)
Marathon : 2 h 59 21,1 km : 1 h 24 10 km : 38:20 5 km : 18:35	4:45/km (12,6 km/h)	4:15/km (14,1 km/h)	3:50/km (15,7 km/h)	3:43/km (16,0 km/h)	3:23/km (17,7 km/h)

PÉRIODE DE TRANSITION – 5 km

GROUPE AA – DURÉE 4 SEMAINES

Ce programme permet d'assurer la transition entre deux programmes d'entraînement spécifique de 10 semaines. Il peut aussi tout simplement constituer un ajout de quatre semaines au programme d'entraînement spécifique visé, pour mieux s'y préparer.

JOUR / SEMAINE	Lun.	Mar.	Mer.	Jeu.	Ven.	Sam.	Dim.
4	R	35 min **5 × 1 min 30** R4 (1 min 30 entre)	R	35 min **4 × 3 min** R3 (3 min entre)	R	35 min	45 min
3	R	40 min **4 × 2 min** R4 (2 min entre)	R	40 min **3 × 5 min** R3 (5 min entre)	R	35 min	50 min
2	R	45 min **6 × 1 min** R4 (1 min entre)	R	45 min **4 × 4 min** R3 (4 min entre)	R	35 min	55 min **1 × 8 min** R2
1	R	45 min **7 × 15 s** 50 % (5 min entre)	R	35 min	R	30 min	**Compétition 2 km ou 5 km**

ENTRAÎNEMENT SPÉCIFIQUE – 5 km

GROUPE AA – DURÉE 10 SEMAINES

Tous les entraînements se déroulent au rythme R1, à l'exception des répétitions pour lesquelles un rythme précis est spécifié. La durée totale de la séance d'entraînement est indiquée dès la première ligne de chaque entraînement. Il faut courir un minimum de 10 min au R1 avant de commencer les répétitions afin d'être convenablement échauffé. Exemple, mardi de la semaine 9 : la durée totale de la séance est de 50 min. Après 10 min au R1, insérez 4 répétitions de 45 s au R5. Chaque répétition au R5 est suivie de 45 s de course au R1.

SEMAINE \ JOUR	Lun.	Mar.	Mer.	Jeu.	Ven.	Sam.	Dim.
10	R	60 min **4 × 2 min** R4 (2 min entre)	R	50 min **4 × 4 min** R3 (4 min entre)	R	35 min	60 min **1 × 8 min** R2
9	R	50 min **4 × 45 s** R5 (45 s entre)	R	45 min **3 × 3 min** R3 **2 × 3 min** R4 (3 min entre)	R	35 min	55 min **1 × 10 min** R2
8	R	55 min **8 × 1 min 30** R4 (1 min 30 entre)	R	50 min **3 × 3 min** R3 (3 min entre)	R	30 min	65 min **2 × 6 min** R2 (4 min entre)
7	R	45 min **7 × 15 s** 50 % (5 min entre)	R	35 min	R	30 min	**Compétition** **5 km**
6	R	55 min **5 × 2 min** R4 (2 min entre)	R	50 min **2 × 6 min** R3 (6 min entre)	R	35 min	65 min **1 × 12 min** R2
5	R	50 min **6 × 45 s** R5 (45 s entre)	R	45 min **2 × 4 min** R3 **2 × 4 min** R4 (4 min entre)	R	35 min	60 min **2 × 8 min** R2 (7 min entre)
4	R	55 min **9 × 15 s** 50 % (5 min entre)	R	50 min **4 × 2 min** R3 **4 × 2 min** R4 (2 min entre)	R	35 min	70 min **1 × 10 min** R2
3	R	50 min **4 × 3 min** R4 (3 min entre)	R	45 min **4 × 5 min** R3 (5 min entre)	R	35 min	60 min
2	R	45 min **8 × 45 s** R5 (45 s entre)	R	40 min **3 × 3 min** R3 (3 min entre)	R	35 min	50 min **1 × 12 min** R2
1	R	35 min **2 × 3 min** R4 (9 min entre)	R	30 min	R	30 min	**Compétition** **5 km**

PROGRAMME D'ENTRAÎNEMENT – 5 km

GROUPE A

Si vous avez réussi	R1	R2	R3	R4	R5
Marathon : 3 h 05 21,1 km : 1 h 28 10 km : 40:25 5 km : 19:35	4:55/km (12,2 km/h)	4:25/km (13,5 km/h)	4:05/km (14,6 km/h)	3:55/km (15,3 km/h)	3:30/km (17,1 km/h)
Marathon : 3 h 15 21,1 km : 1 h 33 10 km : 42:30 5 km : 20:15	5:10/km (11,6 km/h)	4:40/km (12,8 km/h)	4:15/km (14,1 km/h)	4:05/km (14,6 km/h)	3:40/km (16,3 km/h)
Marathon : 3 h 30 21,1 km : 1 h 40 10 km : 45:00 5 km : 21:00	5:30/km (10,9 km/h)	5:00/km (12,0 km/h)	4:30/km (13,3 km/h)	4:15/km (14,1 km/h)	3:50/km (15,6 km/h)
Marathon : 3 h 45 21,1 km : 1 h 47 10 km : 47:30 5 km : 22:30	5:50/km (10,2 km/h)	5:20/km (11,2 km/h)	4:45/km (12,6 km/h)	4:30/km (13,6 km/h)	4:05/km (14,7 km/h)

PÉRIODE DE TRANSITION – 5 km

GROUPE A – DURÉE 4 SEMAINES

Ce programme permet d'assurer la transition entre deux programmes d'entraînement spécifique de 10 semaines. Il peut aussi tout simplement constituer un ajout de quatre semaines au programme d'entraînement spécifique visé, pour mieux s'y préparer.

JOUR / SEMAINE	Lun.	Mar.	Mer.	Jeu.	Ven.	Sam.	Dim.
4	R	30 min 4 × 1 min 30 R4 (1 min 30 entre)	R	30 min 3 × 3 min R3 (3 min entre)	R	25 min	40 min
3	R	35 min 3 × 2 min R4 (2 min entre)	R	30 min 2 × 5 min R3 (5 min entre)	R	30 min	45 min
2	R	40 min 3 × 1 min R4 (1 min entre)	R	35 min 3 × 4 min R3 (4 min entre)	R	30 min	50 min 1 × 8 min R2
1	R	45 min 7 × 15 s 50 % (5 min entre)	R	35 min	R	25 min	Compétition 2 km ou 5 km

ENTRAÎNEMENT SPÉCIFIQUE – 5 km
GROUPE A – DURÉE 10 SEMAINES

Tous les entraînements se déroulent au rythme R1, à l'exception des répétitions pour lesquelles un rythme précis est spécifié. La durée totale de la séance d'entraînement est indiquée dès la première ligne de chaque entraînement. Il faut courir un minimum de 10 min au R1 avant de commencer les répétitions afin d'être convenablement échauffé. Par exemple, mardi de la semaine 9 : la durée totale de la séance est de 40 min. Après 10 min au R1, insérez 3 répétitions de 45 s au R5. Chaque répétition au R5 est suivie de 45 s de course au R1.

JOUR / SEMAINE	Lun.	Mar.	Mer.	Jeu.	Ven.	Sam.	Dim.
10	R	45 min **3 × 2 min** R4 (2 min entre)	R	40 min **2 × 4 min** R3 (4 min entre)	R	30 min	55 min **1 × 8 min** R2
9	R	40 min **3 × 45 s** R5 (45 s entre)	R	40 min **2 × 5 min** R3 **1 × 5 min** R4 (5 min entre)	R	30 min	50 min **1 × 10 min** R2
8	R	45 min **4 × 1 min 30** R4 (1 min 30 entre)	R	45 min **2 × 3 min** R3 (3 min entre)	R	25 min	60 min **2 × 6 min** R2 (4 min entre)
7	R	45 min **7 × 15 s** 50 % (5 min entre)	R	35 min	R	25 min	**Compétition** **5 km**
6	R	45 min **2 × 2 min** R4 (2 min entre)	R	45 min **2 × 6 min** R3 (6 min entre)	R	30 min	60 min **1 × 12 min** R2
5	R	40 min **4 × 45 s** R5 (45 s entre)	R	40 min **1 × 4 min** R3 **1 × 4 min** R4 (4 min entre)	R	30 min	55 min **2 × 8 min** R2 (5 min entre)
4	R	50 min **8 × 15 s** 50 % (5 min entre)	R	40 min **3 × 2 min** R3 **2 × 2 min** R4 (2 min entre)	R	30 min	65 min **1 × 10 min** R2
3	R	45 min **3 × 3 min** R4 (3 min entre)	R	35 min **3 × 5 min** R3 (5 min entre)	R	30 min	55 min
2	R	40 min **6 × 45 s** R5 (45 s entre)	R	30 min **2 × 3 min** R3 (3 min entre)	R	30 min	45 min **1 × 12 min** R2
1	R	35 min **2 × 3 min** R4 (9 min entre)	R	30 min	R	25 min	**Compétition** **5 km**

PROGRAMME D'ENTRAÎNEMENT – 5 km

GROUPE B

Si vous avez réussi	R1	R2	R3	R4	R5
Marathon : 4 h 00 21,1 km : 1 h 55 10 km : 50:00 5 km : 23:45	6:10/km (9,7 km/h)	5:40/km (10,5 km/h)	5:00/km (12,0 km/h)	4:45/km (12,6 km/h)	4:15/km (14,1 km/h)
Marathon : 4 h 15 21,1 km : 2 h 02 10 km : 53:20 5 km : 25:00	6:35/km (9,1 km/h)	6:00/km (10,0 km/h)	5:20/km (11,2 km/h)	5:00/km (12,0 km/h)	4:30/km (13,3 km/h)
Marathon : 4 h 30 21,1 km : 2 h 09 10 km : 56:40 5 km : 26:40	7:00/km (8,6 km/h)	6:25/km (9,3 km/h)	5:40/km (10,5 km/h)	5:20/km (11,2 km/h)	4:45/km (12,6 km/h)
Marathon : 4 h 45 21,1 km : 2 h 16 10 km : 60:00 5 km : 28:15	7:25/km (8,3 km/h)	6:45/km (8,9 km/h)	6:00/km (10,0 km/h)	5:35/km (10,7 km/h)	5:00/km (12,0 km/h)
Marathon : 5 h 00 21,1 km : 2 h 23 10 km : 64:10 5 km : 30:00	7:50/km (7,6 km/h)	7:05/km (8,04 km/h)	6:25/km (9,3 km/h)	6:00/km (10,0 km/h)	5:20/km (11,2 km/h)
Marathon : 5 h 15 21,1 km : 2 h 31 10 km : 68:20 5 km : 32:10	8:15/km (7,3 km/h)	7:30/km (8,0 km/h)	6:50/km (8,7 km/h)	6:25/km (9,3 km/h)	5:40/km (10,5 km/h)

PÉRIODE DE TRANSITION – 5 km
GROUPE B – DURÉE 4 SEMAINES

Ce programme permet d'assurer la transition entre deux programmes d'entraînement spécifique de 10 semaines. Il peut aussi tout simplement constituer un ajout de quatre semaines au programme d'entraînement spécifique visé, pour mieux s'y préparer.

SEMAINE / JOUR	Lun.	Mar.	Mer.	Jeu.	Ven.	Sam.	Dim.
4	R	30 min **3 × 1 min 30** R4 (1 min 30 entre)	R	25 min **2 × 3 min** R3 (3 min entre)	R	20 min	35 min
3	R	30 min **2 × 2 min** R4 (2 min entre)	R	30 min **2 × 5 min** R3 (5 min entre)	R	25 min	40 min
2	R	35 min **3 × 1 min** R4 (1 min entre)	R	30 min **2 × 4 min** R3 (4 min entre)	R	25 min	45 min **1 × 5 min** R2
1	R	30 min **4 × 15 s** 50 % (5 min entre)	R	25 min	R	20 min	**Compétition 2 km ou 5 km**

ENTRAÎNEMENT SPÉCIFIQUE – 5 km

GROUPE B – DURÉE 10 SEMAINES

Tous les entraînements se déroulent au rythme R1, à l'exception des répétitions pour lesquelles un rythme précis est spécifié. La durée totale de la séance d'entraînement est indiquée dès la première ligne de chaque entraînement. Il faut courir un minimum de 10 min au R1 avant de commencer les répétitions afin d'être convenablement échauffé. Par exemple, mardi de la semaine 9 : la durée totale de la séance est de 35 min. Après 10 min au R1, insérez 2 répétitions de 45 s au R5. Chaque répétition au R5 est suivie de 45 s de course au R1.

JOUR / SEMAINE	Lun.	Mar.	Mer.	Jeu.	Ven.	Sam.	Dim.
10	R	40 min **3 × 2 min** R4 (2 min entre)	R	35 min **1 × 4 min** R3	R	25 min	50 min **1 × 6 min** R2
9	R	35 min **2 × 45 s** R5 (45 s entre)	R	35 min **1 × 5 min** R3 **1 × 5 min** R4 (5 min entre)	R	25 min	45 min **1 × 8 min** R2
8	R	40 min **2 × 1 min 30** R4 (1 min 30 entre)	R	30 min **2 × 3 min** R3 (3 min entre)	R	25 min	55 min **2 × 5 min** R2 (3 min entre)
7	R	45 min **7 × 15 s** 50 % (5 min entre)	R	35 min	R	20 min	**Compétition** **5 km**
6	R	40 min **2 × 2 min** R4 (2 min entre)	R	40 min **1 × 6 min** R3	R	25 min	55 min **1 × 10 min** R2
5	R	35 min **3 × 45 s** R5 (45 s entre)	R	35 min **2 × 4 min** R3 **1 × 4 min** R4 (4 min entre)	R	25 min	50 min **2 × 6 min** R2 (4 min entre)
4	R	45 min **7 × 15 s** 50 % (5 min entre)	R	35 min **2 × 2 min** R3 **1 × 2 min** R4 (2 min entre)	R	25 min	60 min **1 × 8 min** R2
3	R	40 min **2 × 3 min** R4 (3 min entre)	R	30 min **2 × 5 min** R3 (5 min entre)	R	25 min	50 min
2	R	35 min **4 × 45 s** R5 (45 s entre)	R	30 min **2 × 3 min** R3 (3 min entre)	R	25 min	45 min **1 × 10 min** R2
1	R	30 min **2 × 3 min** R4 (9 min entre)	R	25 min	R	20 min	**Compétition** **5 km**

PROGRAMME D'ENTRAÎNEMENT – 10 km

GROUPE AA

Si vous avez réussi	R1	R2	R3	R4	R5
Marathon : 2 h 38 **21,1 km : 1 h 14** **10 km : 33:22** **5 km : 16:05**	4:15/km (14,1 km/h)	3:45/km (16,0 km/h)	3:20/km (18,0 km/h)	3:13/km (18,7 km/h)	2:56/km (20,4 km/h)
Marathon : 2 h 45 **21,1 km : 1 h 18** **10 km : 35:00** **5 km : 16:55**	4:25/km (13,6 km/h)	3:55/km (15,3 km/h)	3:30/km (17,1 km/h)	3:23/km (17,7 km/h)	3:06/km (19,3 km/h)
Marathon : 2 h 52 **21,1 km : 1 h 21** **10 km : 36:40** **5 km : 17:45**	4:35/km (13,1 km/h)	4:05/km (14,7 km/h)	3:40/km (16,4 km/h)	3:33/km (17,0 km/h)	3:13/km (18,6 km/h)
Marathon : 2 h 59 **21,1 km : 1 h 24** **10 km : 38:20** **5 km : 18:35**	4:45/km (12,6 km/h)	4:15/km (14,1 km/h)	3:50/km (15,7 km/h)	3:43/km (16,0 km/h)	3:23/km (17,7 km/h)

PÉRIODE DE TRANSITION – 10 km

GROUPE AA – DURÉE 4 SEMAINES

Ce programme permet d'assurer la transition entre deux programmes d'entraînement spécifique de 10 semaines. Il peut aussi tout simplement constituer un ajout de quatre semaines au programme d'entraînement spécifique visé, pour mieux s'y préparer.

SEMAINE / JOUR	Lun.	Mar.	Mer.	Jeu.	Ven.	Sam.	Dim.
4	R	45 min **5 × 1 min 30 R4** (1 min 30 entre)	R	40 min **4 × 3 min R3** (3 min entre)	R	35 min	50 min **2 × 6 min R2** (4 min entre)
3	R	55 min **4 × 2 min R4** (2 min entre)	R	45 min **3 × 5 min R3** (5 min entre)	R	35 min	55 min **1 × 12 min R2**
2	R	60 min **6 × 1 min R4** (1 min entre)	R	55 min **4 × 4 min R3** (4 min entre)	R	35 min	60 min **2 × 8 min R2** (6 min entre)
1	R	50 min **8 × 15 s 50 %** (5 min entre)	R	40 min	R	30 min	**Compétition** **5 km**

ENTRAÎNEMENT SPÉCIFIQUE – 10 km
GROUPE AA – DURÉE 10 SEMAINES

Tous les entraînements se déroulent au rythme R1, à l'exception des répétitions pour lesquelles un rythme précis est spécifié. La durée totale de la séance d'entraînement est indiquée dès la première ligne de chaque entraînement. Il faut courir un minimum de 10 min au R1 avant de commencer les répétitions afin d'être convenablement échauffé. Par exemple, mardi de la semaine 9 : la durée totale de la séance est de 60 min. Après 10 min au R1, insérez 6 répétitions de 45 s au R5. Chaque répétition au R5 est suivie de 45 s de course au R1.

JOUR / SEMAINE	Lun.	Mar.	Mer.	Jeu.	Ven.	Sam.	Dim.
10	R	65 min **4 × 2 min** R4 (2 min entre)	R	55 min **6 × 4 min** R3 (4 min entre)	R	35 min	70 min **1 × 8 min** R2
9	R	60 min **6 × 45 s** R5 (45 s entre)	R	55 min **3 × 3 min** R3 **3 × 3 min** R4 (3 min entre)	R	35 min	65 min **1 × 12 min** R2
8	R	65 min **10 × 1 min 30** R4 (1 min 30 entre)	R	60 min **4 × 3 min** R3 (3 min entre)	R	30 min	75 min **2 × 6 min** R2 (4 min entre)
7	R	45 min **7 × 15 s** 50 % (5 min entre)	R	35 min	R	30 min	**Compétition** **5 km** **ou** **10 km**
6	R	65 min **6 × 2 min** R4 (2 min entre)	R	60 min **3 × 6 min** R3 (6 min entre)	R	35 min	75 min **1 × 15 min** R2
5	R	60 min **8 × 45 s** R5 (45 s entre)	R	55 min **3 × 4 min** R3 **2 × 4 min** R4 (4 min entre)	R	35 min	70 min **2 × 10 min** R2 (7 min entre)
4	R	65 min **11 × 15 s** 50 % (5 min entre)	R	65 min **5 × 2 min** R3 **5 × 2 min** R4 (2 min entre)	R	35 min	80 min **1 × 12 min** R2
3	R	60 min **5 × 3 min** R4 (3 min entre)	R	55 min **5 × 5 min** R3 (5 min entre)	R	35 min	70 min
2	R	55 min **10 × 45 s** R5 (45 s entre)	R	45 min **6 × 3 min** R3 (3 min entre)	R	35 min	60 min **1 × 15 min** R2
1	R	45 min **2 × 3 min** R4 (9 min entre)	R	35 min	R	30 min	**Compétition** **10 km**

PROGRAMME D'ENTRAÎNEMENT – 10 km

GROUPE A

Si vous avez réussi	R1	R2	R3	R4	R5
Marathon : 3 h 05 21,1 km : 1 h 28 10 km : 40:25 5 km : 19:35	4:55/km (12,2 km/h)	4:25/km (13,6 km/h)	4:05/km (14,7 km/h)	3:55/km (15,3 km/h)	3:30/km (17,1 km/h)
Marathon : 3 h 15 21,1 km : 1 h 33 10 km : 42:30 5 km : 20:15	5:10/km (11,6 km/h)	4:40/km (12,8 km/h)	4:15/km (14,1 km/h)	4:05/km (14,7 km/h)	3:40/km (16,3 km/h)
Marathon : 3 h 30 21,1 km : 1 h 40 10 km : 45:00 5 km : 21:00	5:30/km (10,9 km/h)	5:00/km (12,0 km/h)	4:30/km (13,3 km/h)	4:15/km (14,1 km/h)	3:50/km (15,6 km/h)
Marathon : 3 h 45 21,1 km : 1 h 47 10 km : 47:30 5 km : 22:30	5:50/km (10,2 km/h)	5:20/km (11,2 km/h)	4:45/km (12,6 km/h)	4:30/km (13,3 km/h)	4:05/km (14,7 km/h)

PÉRIODE DE TRANSITION – 10 km

GROUPE A – DURÉE 4 SEMAINES

Ce programme permet d'assurer la transition entre deux programmes d'entraînement spécifique de 10 semaines. Il peut aussi tout simplement constituer un ajout de quatre semaines au programme d'entraînement spécifique visé, pour mieux s'y préparer.

JOUR SEMAINE	Lun.	Mar.	Mer.	Jeu.	Ven.	Sam.	Dim.
4	R	40 min **4 × 1 min 30** R4 (1 min 30 entre)	R	35 min **3 × 3 min** R3 (3 min entre)	R	35 min	45 min **2 × 5 min** R2 (3 min entre)
3	R	44 min **3 × 2 min** R4 (2 min entre)	R	40 min **2 × 5 min** R3 (5 min entre)	R	35 min	50 min **1 × 10 min** R2
2	R	50 min **3 × 1 min** R4 (1 min entre)	R	45 min **3 × 4 min** R3 (4 min entre)	R	35 min	55 min **2 × 8 min** R2 (6 min entre)
1	R	45 min **7 × 15 s 50 %** (5 min entre)	R	35 min	R	30 min	**Compétition 5 km**

ENTRAÎNEMENT SPÉCIFIQUE – 10 km

GROUPE A – DURÉE 10 SEMAINES

Tous les entraînements se déroulent au rythme R1, à l'exception des répétitions pour lesquelles un rythme précis est spécifié. La durée totale de la séance d'entraînement est indiquée dès la première ligne de chaque entraînement. Il faut courir un minimum de 10 min au R1 avant de commencer les répétitions afin d'être convenablement échauffé. Par exemple, mardi de la semaine 9 : la durée totale de la séance est de 50 min. Après 10 min au R1, insérez 4 répétitions de 45 s au R5. Chaque répétition au R5 est suivie de 45 s de course au R1.

SEMAINE / JOUR	Lun.	Mar.	Mer.	Jeu.	Ven.	Sam.	Dim.
10	R	55 min **3 × 2 min** R4 (2 min entre)	R	50 min **4 × 4 min** R3 (4 min entre)	R	30 min	65 min **1 × 8 min** R2
9	R	50 min **4 × 45 s** R5 (45 s entre)	R	50 min **2 × 5 min** R3 **2 × 5 min** R4 (5 min entre)	R	30 min	60 min **1 × 12 min** R2
8	R	55 min **6 × 1 min 30 s** R4 (1 min 30 entre)	R	55 min **3 × 3 min** R3 (3 min entre)	R	25 min	70 min **2 × 6 min** R2 (4 min entre)
7	R	45 min **7 × 15 s** 50 % (5 min entre)	R	35 min	R	25 min	**Compétition** **5 km** **ou** **10 km**
6	R	60 min **4 × 2 min** R4 (2 min entre)	R	50 min **2 × 6 min** R3 (6 min entre)	R	30 min	70 min **1 × 15 min** R2
5	R	50 min **6 × 45 s** R5 (45 s entre)	R	50 min **2 × 4 min** R3 **2 × 4 min** R4 (4 min entre)	R	30 min	65 min **2 × 8 min** R2 (5 min entre)
4	R	55 min **9 × 15 s** 50 % (5 min entre)	R	55 min **3 × 2 min** R3 **3 × 2 min** R4 (2 min entre)	R	30 min	75 min **1 × 12 min** R2
3	R	55 min **4 × 3 min** R4 (3 min entre)	R	45 min **4 × 5 min** R3 (5 min entre)	R	30 min	65 min
2	R	50 min **8 × 45 s** R5 (45 s entre)	R	40 min **4 × 3 min** R3 (3 min entre)	R	30 min	55 min **1 × 15 min** R2
1	R	45 min **2 × 3 min** R4 (9 min entre)	R	40 min	R	25 min	**Compétition** **10 km**

PROGRAMME D'ENTRAÎNEMENT – 10 km

GROUPE B

Si vous avez réussi	R1	R2	R3	R4	R5
Marathon : 4 h 00 21,1 km : 1 h 55 10 km : 50:00 5 km : 23:45	6:10/km (9,7 km/h)	5:40/km (10,5 km/h)	5:00/km (12,0 km/h)	4:45/km (12,6 km/h)	4:15/km (14,1 km/h)
Marathon : 4 h 15 21,1 km : 2 h 02 10 km : 53:20 5 km : 25:00	6:35/km (9,1 km/h)	6:00/km (10,0 km/h)	5:20/km (11,2 km/h)	5:00/km (12,0 km/h)	4:30/km (13,3 km/h)
Marathon : 4 h 30 21,1 km : 2 h 09 10 km : 56:40 5 km : 26:40	7:00/km (8,6 km/h)	6:25/km (9,3 km/h)	5:40/km (10,5 km/h)	5:20/km (11,2 km/h)	4:45/km (12,6 km/h)
Marathon : 4 h 45 21,1 km : 2 h 16 10 km : 60:00 5 km : 28:15	7:25/km (8,3 km/h)	6:45/km (8,9 km/h)	6:00/km (10,0 km/h)	5:35/km (10,7 km/h)	5:00/km (12,0 km/h)
Marathon : 5 h 00 21,1 km : 2 h 23 10 km : 64:10 5 km : 30:00	7:50/km (7,6 km/h)	7:05/km (8,5 km/h)	6:25/km (9,3 km/h)	6:00/km (100, km/h)	5:20/km (11,2 km/h)
Marathon : 5 h 15 21,1 km : 2 h 31 10 km : 68:20 5 km : 32:10	8:15/km (7,3 km/h)	7:30/km (8,0 km/h)	6:50/km (8,7 km/h)	6:25/km (9,3 km/h)	5:40/km (10,5 km/h)

PÉRIODE DE TRANSITION – 10 km

GROUPE B – DURÉE 4 SEMAINES

Ce programme permet d'assurer la transition entre deux programmes d'entraînement spécifique de 10 semaines. Il peut aussi tout simplement constituer un ajout de quatre semaines au programme d'entraînement spécifique visé, pour mieux s'y préparer.

SEMAINE / JOUR	Lun.	Mar.	Mer.	Jeu.	Ven.	Sam.	Dim.
4	R	30 min **3 × 1 min 30** R4 (1 min 30 entre)	R	30 min **2 × 3 min** R3 (3 min entre)	R	25 min	40 min **1 × 6 min** R2
3	R	35 min **2 × 2 min** R4 (2 min entre)	R	30 min **2 × 5 min** R3 (5 min entre)	R	30 min	45 min **1 × 10 min** R2
2	R	40 min **3 × 1 min** R4 (1 min entre)	R	35 min **2 × 4 min** R3 (4 min entre)	R	30 min	50 min **2 × 7 min** R2 (5 min entre)
1	R	45 min **7 × 15 s** 50 % (5 min entre)	R	35 min	R	25 min	**Compétition** **5 km**

ENTRAÎNEMENT SPÉCIFIQUE – 10 km

GROUPE B – DURÉE 10 SEMAINES

Tous les entraînements se déroulent au rythme R1, à l'exception des répétitions pour lesquelles un rythme précis est spécifié. La durée totale de la séance d'entraînement est indiquée dès la première ligne de chaque entraînement. Il faut courir un minimum de 10 min au R1 avant de commencer les répétitions afin d'être échauffé convenablement. Par exemple, mardi de la semaine 9 : la durée totale de la séance est de 40 min. Après 10 min au R1, insérez 3 répétitions de 45 s au R5. Chaque répétition au R5 est suivie de 45 s de course au R1.

JOUR / SEMAINE	Lun.	Mar.	Mer.	Jeu.	Ven.	Sam.	Dim.
10	R	45 min **3 × 2 min** R4 (2 min entre)	R	40 min **2 × 4 min** R3	R	30 min	55 min **1 × 6 min** R2
9	R	40 min **3 × 45 s** R5 (45 s entre)	R	40 min **2 × 5 min** R3 **1 × 5 min** R4 (5 min entre)	R	30 min	50 min **1 × 8 min** R2
8	R	45 min **4 × 1 min 30** R4 (1 min 30 entre)	R	45 min **2 × 3 min** R3 (3 min entre)	R	25 min	60 min **2 × 5 min** R2 (3 min entre)
7	R	45 min **7 × 15 s** 50 % (5 min entre)	R	35 min	R	25 min	**Compétition 5 km** ou **10 km**
6	R	50 min **2 × 2 min** R4 (2 min entre)	R	40 min **2 × 6 min** R3	R	30 min	60 min **1 × 10 min** R2
5	R	40 min **4 × 45 s** R5 (45 s entre)	R	40 min **2 × 4 min** R3 **1 × 4 min** R4 (4 min entre)	R	30 min	55 min **2 × 6 min** R2 (4 min entre)
4	R	50 min **8 × 15 s** 50 % (5 min entre)	R	40 min **2 × 2 min** R3 **2 × 2 min** R4 (2 min entre)	R	30 min	65 min **1 × 8 min** R2
3	R	45 min **2 × 3 min** R4 (3 min entre)	R	35 min **2 × 5 min** R3 (5 min entre)	R	30 min	55 min
2	R	40 min **6 × 45 s** R5 (45 s entre)	R	30 min **3 × 3 min** R3 (3 min entre)	R	30 min	45 min **1 × 10 min** R2
1	R	35 min **2 × 3 min** R4 (9 min entre)	R	30 min	R	25 min	**Compétition 10 km**

PROGRAMME D'ENTRAÎNEMENT – 21,1 km

GROUPE AA

Si vous avez réussi	R1	R2	R3	R4	R5
Marathon : 2 h 38 21,1 km : 1 h 14 10 km : 33:22 5 km : 16:05	4:15/km (14,1 km/h)	3:45/km (16,0 km/h)	3:20/km (18,0 km/h)	3:13/km (18,7 km/h)	2:56/km (20,4 km/h)
Marathon : 2 h 45 21,1 km : 1 h 18 10 km : 35:00 5 km : 16:55	4:25/km (13,6 km/h)	3:55/km (15,3 km/h)	3:30/km (17,1 km/h)	3:23/km (17,7 km/h)	3:06/km (19,3 km/h)
Marathon : 2 h 52 21,1 km : 1 h 21 10 km : 36:40 5 km : 17:45	4:35/km (13,1 km/h)	4:05/km (14,7 km/h)	3:40/km (16,4 km/h)	3:33/km (17,0 km/h)	3:13/km (18,7 km/h)
Marathon : 2 h 59 21,1 km : 1 h 24 10 km : 38:20 5 km : 18:35	4:45/km (12,6 km/h)	4:15/km (14,1 km/h)	3:50/km (15,7 km/h)	3:43/km (16,0 km/h)	3:23/km (17,7 km/h)

PÉRIODE DE TRANSITION – 21,1 km

GROUPE AA – DURÉE 4 SEMAINES

Ce programme permet d'assurer la transition entre deux programmes d'entraînement spécifique de 10 semaines. Il peut aussi tout simplement constituer un ajout de quatre semaines au programme d'entraînement spécifique visé, pour mieux s'y préparer.

SEMAINE \ JOUR	Lun.	Mar.	Mer.	Jeu.	Ven.	Sam.	Dim.
4	R	65 min **5 × 1 min 30** R4 (1 min 30 entre)	R	60 min **8 × 3 min** R3 (3 min entre)	R	35 min	80 min **2 × 10 min** R2 (7 min entre)
3	R	70 min **4 × 2 min** R4 (2 min entre)	R	65 min **3 × 5 min** R3 (5 min entre)	R	35 min	90 min **1 × 20 min** R2
2	R	80 min **10 × 1 min** R4 (1 min entre)	R	75 min **4 × 4 min** R3 (4 min entre)	R	40 min	95 min **2 × 12 min** R2 (8 min entre)
1	R	65 min **11 × 15 s** 50 % (5 min entre)	R	50 min	R	30 min	**Compétition 5 km ou 10 km**

À noter : Si vous venez de terminer un marathon, nous vous suggérons de réduire de moitié le volume proposé et d'exclure les intensités demandées durant les deux premières semaines du programme de transition. Votre récupération en sera meilleure.

ENTRAÎNEMENT SPÉCIFIQUE – 21,1 km
GROUPE AA – DURÉE 10 SEMAINES

Tous les entraînements se déroulent au rythme R1, à l'exception des répétitions pour lesquelles un rythme précis est spécifié. La durée totale de la séance d'entraînement est indiquée dès la première ligne de chaque entraînement. Il faut courir un minimum de 10 min au R1 avant de commencer les répétitions afin d'être convenablement échauffé. Par exemple, mardi de la semaine 9 : la durée totale de la séance est de 80 min. Après au moins 10 min au R1, insérez 8 répétitions de 45 s au R5. Chaque répétition au R5 est suivie de 45 s de course au R1.

SEMAINE \ JOUR	Lun.	Mar.	Mer.	Jeu.	Ven.	Sam.	Dim.
10	R	80 min **4 × 2 min** R4 (2 min entre)	40 min	70 min **3 × 8 min** R3 (8 min entre)	R	35 min	85 min **1 × 35 min** R2
9	R	80 min **8 × 45 s** R5 (45 s entre)	R	80 min **3 × 5 min** R3 **3 × 5 min** R4 (5 min entre)	R	40 min	95 min **2 × 15 min** R2 (9 min entre)
8	R	80 min **10 × 1 min 30** R4 (1 min 30 entre)	40 min	75 min **4 × 3 min** R3 (3 min entre)	R	35 min	90 min **3 × 8 min** R2 (6 min entre)
7	R	55 min **9 × 15 s** 50 % (5 min entre)	R	45 min	R	30 min	**Compétition 10 km ou 21,1 km**
6	R	75 min **6 × 2 min** R4 (2 min entre)	45 min	60 min **3 × 6 min** R3 (6 min entre)	R	40 min	110 min **1 × 25 min** R2
5	R	70 min **10 × 45 s** R5 (45 s entre)	40 min	65 min **3 × 4 min** R3 **2 × 4 min** R4 (4 min entre)	R	35 min	90 min **3 × 12 min** R2 (8 min entre)
4	R	75 min **13 × 15 s** 50 % (5 min entre)	40 min	60 min **5 × 2 min** R3 **5 × 2 min** R4 (2 min entre)	R	40 min	120 min **1 × 25 min** R2
3	R	70 min **4 × 3 min** R4 (3 min entre)	45 min	65 min **5 × 5 min** R3 (5 min entre)	R	35 min	90 min **2 × 10 min** R2
2	R	75 min **12 × 45 s** R5 (45 s entre)	50 min	75 min **8 × 3 min** R3 (3 min entre)	R	40 min	80 min **1 × 15 min** R2
1	R	45 min **2 × 3 min** R4 (9 min entre)	R	35 min	R	30 min	**Compétition 21,1 km**

PROGRAMME D'ENTRAÎNEMENT – 21,1 km

GROUPE A

Si vous avez réussi	R1	R2	R3	R4	R5
Marathon: 3 h 05 **21,1 km: 1 h 28** **10 km: 40:25** **5 km: 19:35**	4:55/km (12,2 km/h)	4:25/km (13,6 km/h)	4:05/km (14,7 km/h)	3:55/km (15,3 km/h)	3:30/km (17,1 km/h)
Marathon: 3 h 15 **21,1 km: 1 h 33** **10 km: 42:30** **5 km: 20:15**	5:10/km (11,6 km/h)	4:40/km (12,8 km/h)	4:15/km (14,1 km/h)	4:05/km (14,7 km/h)	3:40/km (16,4 km/h)
Marathon: 3 h 30 **21,1 km: 1 h 40** **10 km: 45:00** **5 km: 21:00**	5:30/km (10,9 km/h)	5:00/km (12,0 km/h)	4:30/km (13,3 km/h)	4:15/km (14,1 km/h)	3:50/km (15,7 km/h)
Marathon: 3 h 45 **21,1 km: 1 h 47** **10 km: 47:30** **5 km: 22:30**	5:50/km (10,2 km/h)	5:20/km (11,2 km/h)	4:45/km (12,6 km/h)	4:30/km (13,3 km/h)	4:05/km (14,7 km/h)

PÉRIODE DE TRANSITION – 21,1 km

GROUPE A – DURÉE 4 SEMAINES

Ce programme permet d'assurer la transition entre deux programmes d'entraînement spécifique de 10 semaines. Il peut aussi tout simplement constituer un ajout de quatre semaines au programme d'entraînement spécifique visé, pour mieux s'y préparer.

SEMAINE \ JOUR	Lun.	Mar.	Mer.	Jeu.	Ven.	Sam.	Dim.
4	R	55 min **4 × 1 min 30** R4 (1 min 30 entre)	R	50 min **3 × 3 min** R3 (3 min entre)	R	35 min	75 min **2 × 7 min** R2 (5 min entre)
3	R	60 min **3 × 2 min** R4 (2 min entre)	R	55 min **3 × 5 min** R3 (5 min entre)	R	35 min	80 min **1 × 15 min** R2
2	R	70 min **4 × 1 min** R4 (1 min entre)	R	65 min **4 × 4 min** R3 (4 min entre)	R	35 min	85 min **2 × 10 min** R2 (7 min entre)
1	R	55 min **9 × 15 s** 50 % (5 min entre)	R	45 min	R	30 min	**Compétition 5 km ou 10 km**

À noter: Si vous venez de terminer un marathon, nous vous suggérons de réduire de moitié le volume proposé et d'exclure les intensités demandées durant les deux premières semaines du programme de transition. Votre récupération en sera meilleure.

ENTRAÎNEMENT SPÉCIFIQUE – 21,1 km
GROUPE A – DURÉE 10 SEMAINES

Tous les entraînements se déroulent au rythme R1, à l'exception des répétitions pour lesquelles un rythme précis est spécifié. La durée totale de la séance d'entraînement est indiquée dès la première ligne de chaque entraînement. Il faut courir un minimum de 10 min au R1 avant de commencer les répétitions afin d'être convenablement échauffé. Par exemple, mardi de la semaine 9 : la durée totale de la séance est de 70 min. Après 10 min au R1, insérez 6 répétitions de 45 s au R5. Chaque répétition au R5 est suivie de 45 s de course au R1.

SEMAINE / JOUR	Lun.	Mar.	Mer.	Jeu.	Ven.	Sam.	Dim.
10	R	65 min **3 × 2 min** R4 (2 min entre)	35 min	60 min **2 × 8 min** R3 (8 min entre)	R	35 min	80 min **1 × 20 min** R2
9	R	70 min **6 × 45 s** R5 (45 s entre)	R	70 min **3 × 5 min** R3 **2 × 5 min** R4 (5 min entre)	R	35 min	90 min **2 × 12 min** R2 (9 min entre)
8	R	70 min **6 × 1 min 30** R4 (1 min 30 entre)	35 min	60 min **3 × 3 min** R3 (3 min entre)	R	35 min	85 min **3 × 8 min** R2 (6 min entre)
7	R	50 min **8 × 15 s** 50 % (5 min entre)	R	40 min	R	30 min	**Compétition 10 km ou 21,1 km**
6	R	75 min **4 × 2 min** R4 (2 min entre)	R	70 min **2 × 6 min** R3 (6 min entre)	R	35 min	110 min **1 × 25 min** R2
5	R	60 min **8 × 45 s** R5 (45 s entre)	35 min	50 min **2 × 4 min** R3 **2 × 4 min** R4 (4 min entre)	R	35 min	90 min **3 × 9 min** R2 (6 min entre)
4	R	75 min **13 × 15 s** 50 % (5 min entre)	R	70 min **3 × 2 min** R3 **3 × 2 min** R4 (2 min entre)	R	35 min	120 min **1 × 25 min** R2
3	R	60 min **3 × 3 min** R4 (3 min entre)	35 min	50 min **4 × 5 min** R3 (5 min entre)	R	35 min	90 min **2 × 8 min** R2 (5 min entre)
2	R	65 min **10 × 45 s** R5 (45 s entre)	R	60 min **6 × 3 min** R3 (3 min entre)	R	35 min	80 min **1 × 10 min** R2
1	R	45 min **2 × 3 min** R4 (9 min entre)	R	35 min	R	30 min	**Compétition 21,1 km**

PROGRAMME D'ENTRAÎNEMENT – 21,1 km

GROUPE B

Si vous avez réussi	R1	R2	R3	R4	R5
Marathon : 4 h 00 21,1 km : 1 h 55 10 km : 50:00 5 km : 23:45	6:10/km (9,7 km/h)	5:40/km (10,5 km/h)	5:00/km (12,0 km/h)	4:45/km (12,6 km/h)	4:15/km (14,1 km/h)
Marathon : 4 h 15 21,1 km : 2 h 02 10 km : 53:20 5 km : 25:00	6:35/km (9,1 km/h)	6:00/km (10,0 km/h)	5:20/km (11,2 km/h)	5:00/km (12,0 km/h)	4:30/km (13,3 km/h)
Marathon : 4 h 30 21,1 km : 2 h 09 10 km : 56:40 5 km : 26:40	7:00/km (8,6 km/h)	6:25/km (9,3 km/h)	5:40/km (10,5 km/h)	5:20/km (11,2 km/h)	4:45/km (12,6 km/h)
Marathon : 4 h 45 21,1 km : 2 h 16 10 km : 60:00 5 km : 28:15	7:25/km (8,3 km/h)	6:45/km (8,9 km/h)	6:00/km (10,0 km/h)	5:35/km (10,7 km/h)	5:00/km (12,0 km/h)
Marathon : 5 h 00 21,1 km : 2 h 23 10 km : 64:10 5 km : 30:00	7:50/km (7,6 km/h)	7:05/km (8,5 km/h)	6:25/km (9,3 km/h)	6:00/km (10,0 km/h)	5:20/km (11,2 km/h)
Marathon : 5 h 15 21,1 km : 2 h 31 10 km : 68:20 5 km : 32:10	8:15/km (7,3 km/h)	7:30/km (8,0 km/h)	6:50/km (8,7 km/h)	6:25/km (9,3 km/h)	5:40/km (10,5 km/h)

PÉRIODE DE TRANSITION – 21,1 km

GROUPE B – DURÉE 4 SEMAINES

Ce programme permet d'assurer la transition entre deux programmes d'entraînement spécifique de 10 semaines. Il peut aussi tout simplement constituer un ajout de quatre semaines au programme d'entraînement spécifique visé, pour mieux s'y préparer.

SEMAINE \ JOUR	Lun.	Mar.	Mer.	Jeu.	Ven.	Sam.	Dim.
4	R	40 min **3 × 1 min 30 R4** (1 min 30 entre)	R	35 min **2 × 3 min R3** (3 min entre)	R	30 min	75 min **2 × 6 min R2** (4 min entre)
3	R	50 min **2 × 2 min R4** (2 min entre)	R	40 min **2 × 5 min R3** (5 min entre)	R	30 min	75 min **1 × 12 min** R2
2	R	55 min **3 × 1 min R4** (1 min entre)	R	50 min **3 × 4 min R3** (4 min entre)	R	30 min	80 min **2 × 8 min R2** (7 min entre)
1	R	50 min **9 × 15 s 50 %** (5 min entre)	R	40 min	R	25 min	**Compétition 5 km ou 10 km**

À noter : Si vous venez de terminer un marathon, nous vous suggérons de réduire de moitié le volume proposé et d'exclure les intensités demandées durant les deux premières semaines du programme de transition. Votre récupération en sera meilleure.

ENTRAÎNEMENT SPÉCIFIQUE – 21,1 km
GROUPE B – DURÉE 10 SEMAINES

Tous les entraînements se déroulent au rythme R1, à l'exception des répétitions pour lesquelles un rythme précis est spécifié. La durée totale de la séance d'entraînement est indiquée dès la première ligne de chaque entraînement. Il faut courir un minimum de 10 min au R1 avant de commencer les répétitions afin d'être convenablement échauffé. Par exemple, mardi de la semaine 9 : la durée totale de la séance est de 55 min. Après 10 min au R1, insérez 4 répétitions de 45 s au R5. Chaque répétition au R5 est suivie de 45 s de course au R1.

JOUR SEMAINE	Lun.	Mar.	Mer.	Jeu.	Ven.	Sam.	Dim.
10	R	65 min **3 × 2 min** R4 (2 min entre)	R	60 min **1 × 8 min** R3	R	30 min	75 min **1 × 15 min** R2
9	R	55 min **4 × 45 s** R5 (45 s entre)	R	50 min **2 × 5 min** R3 **1 × 5 min** R4 (5 min entre)	R	30 min	85 min **2 × 10 min** R2 (9 min entre)
8	R	65 min **4 × 1 min 30** R4 (1 min 30 entre)	R	60 min **2 × 3 min** R3 (3 min entre)	R	30 min	80 min **3 × 6 min** R2 (4 min entre)
7	R	45 min **7 × 15 s** 50 % (5 min entre)	R	35 min	R	25 min	**Compétition 10 km ou 21,1 km**
6	R	55 min **2 × 2 min** R4 (2 min entre)	R	50 min **2 × 6 min** R3 (6 min entre)	R	30 min	105 min **1 × 20 min** R2
5	R	60 min **6 × 45 s** R5 (45 s entre)	R	50 min **2 × 4 min** R3 **1 × 4 min** R4 (4 min entre)	R	30 min	85 min **3 × 7 min** R2 (5 min entre)
4	R	55 min **9 × 15 s** 50 % (5 min entre)	R	45 min **2 × 2 min** R3 **2 × 2 min** R4 (2 min entre)	R	30 min	115 min **1 × 20 min** R2
3	R	60 min **2 × 3 min** R4 (3 min entre)	R	50 min **2 × 5 min** R3 (5 min entre)	R	30 min	85 min **2 × 8 min** R2
2	R	50 min **8 × 45 s** R5 (45 s entre)	R	45 min **3 × 3 min** R3 (3 min entre)	R	30 min	75 min **1 × 10 min** R2
1	R	40 min **2 × 3 min** R4 (9 min entre)	R	30 min	R	25 min	**Compétition 21,1 km**

PROGRAMME D'ENTRAÎNEMENT – MARATHON
GROUPE AA

Si vous avez réussi	R1	R2	R3	R4	R5
Marathon : 2 h 38 21,1 km : 1 h 14 10 km : 33:22 5 km : 16:05	4:15/km (14,1 km/h)	3:45/km (16,0 km/h)	3:20/km (18,0 km/h)	3:13/km (18,7 km/h)	2:56/km (20,4 km/h)
Marathon : 2 h 45 21,1 km : 1 h 18 10 km : 35:00 5 km : 16:55	4:25/km (13,6 km/h)	3:55/km (15,3 km/h)	3:30/km (17,1 km/h)	3:23 /km (17,7 km/h)	3:06/km (19,3 km/h)
Marathon : 2 h 52 21,1 km : 1 h 20 10 km : 36:40 5 km : 17:45	4:35/km (13,1 km/h)	4:05/km (14,7 km/h)	3:40/km (16,4 km/h)	3:33/km (17,0 km/h)	3:13/km (18,6 km/h)
Marathon : 2 h 59 21,1 km : 1 h 24 10 km : 38:20 5 km : 18:35	4:45/km (12,6 km/h)	4:15/km (14,1 km/h)	3:50/km (15,7 km/h)	3:43/km (16,0 km/h)	3:23/km (17,7 km/h)

PÉRIODE DE TRANSITION – MARATHON
GROUPE AA – DURÉE 4 SEMAINES

Ce programme permet d'assurer la transition entre deux programmes d'entraînement spécifique de 10 semaines. Il peut aussi tout simplement constituer un ajout de quatre semaines au programme d'entraînement spécifique visé, pour mieux s'y préparer.

SEMAINE \ JOUR	Lun.	Mar.	Mer.	Jeu.	Ven.	Sam.	Dim.
4	30 min	65 min 8 × 1 min 30 R4 (1 min 30 entre)	35 min	60 min 8 × 3 min R3 (3 min entre)	R	30 min	80 min 2 × 12 min R2 (8 min entre)
3	30 min	75 min 7 × 2 min R4 (2 min entre)	40 min	65 min 5 × 5 min R3 (5 min entre)	R	30 min	95 min 1 × 25 min R2
2	30 min	75 min 12 × 1 min R4 (1 min entre)	40 min	75 min 7 × 4 min R3 (4 min entre)	R	35 min	90 min 2 × 15 min R2 (9 min entre)
1	30 min	65 min 11 × 15 s 50 % (5 min entre)	R	60 min	R	35 min	Compétition 10 km

À noter : Si vous venez de terminer un marathon, nous vous suggérons de réduire de moitié le volume proposé et d'exclure les intensités demandées durant les deux premières semaines du programme de transition. Votre récupération en sera meilleure.

ENTRAÎNEMENT SPÉCIFIQUE – MARATHON

GROUPE AA – DURÉE 10 SEMAINES

Tous les entraînements se déroulent au rythme R1, à l'exception des répétitions pour lesquelles un rythme précis est spécifié. La durée totale de la séance d'entraînement est indiquée dès la première ligne de chaque entraînement. Il faut courir un minimum de 10 min au R1 avant de commencer les répétitions afin d'être convenablement échauffé. Par exemple, mardi de la semaine 9 : la durée totale de la séance est de 80 min. Après 10 min au R1, insérez 8 répétitions de 45 s au R5. Chaque répétition au R5 est suivie de 45 s de course au R1.

JOUR / SEMAINE	Lun.	Mar.	Mer.	Jeu.	Ven.	Sam.	Dim.
10	35 min	80 min **6 × 2 min R4** (2 min entre)	45 min	80 min **3 × 8 min R3** (8 min entre)	R	40 min	115 min **1 × 35 min R2**
9	35 min	80 min **8 × 45 s R5** (45 s entre)	45 min	75 min **3 × 5 min R3** **3 × 5 min R4** (5 min entre)	R	40 min	105 min **3 × 15 min R2** (9 min entre)
8	35 min	80 min **10 × 1 min 30 R4** (1 min 30 entre)	45 min	80 min **5 × 3 min R3** (3 min entre)	R	40 min	125 min **1 × 40 min R2**
7	30 min	70 min **12 × 15 s 50 %** (5 min entre)	R	55 min	R	30 min	**Compétition** **21,1 km**
6	35 min	80 min **6 × 2 min R4** (2 min entre)	45 min	80 min **3 × 6 min R3** (6 min entre)	R	40 min	140 min **1 × 45 min R2**
5	35 min	80 min **10 × 45 s R5** (45 s entre)	50 min	80 min **3 × 4 min R3** **2 × 4 min R4** (4 min entre)	R	45 min	100 min **3 × 15 min R2** (10 min entre)
4	30 min	80 min **14 × 15 s 50 %** (5 min entre)	50 min	75 min **5 × 2 min R3** **5 × 2 min R4** (2 min entre)	R	45 min	150 min **1 × 45 min R2**
3	35 min	80 min **4 × 3 min R4** (3 min entre)	50 min	80 min **5 × 5 min R3** (5 min entre)	R	45 min	95 min **1 × 35 min R2**
2	35 min	75 min **12 × 45 s R5** (45 s entre)	50 min	70 min **8 × 3 min R3** (3 min entre)	R	40 min	75 min **2 × 15 min R2** (12 min entre)
1	R	50 min **2 × 4 min R4** (12 min entre)	R	40 min	R	30 min	**Marathon** **42,2 km**

PROGRAMME D'ENTRAÎNEMENT – MARATHON

GROUPE A

Si vous avez réussi	R1	R2	R3	R4	R5
Marathon : 3 h 05 21,1 km : 1 h 28 10 km : 40:25 5 km : 19:35	4:55/km (12,2 km/h)	4:25/km (13,6 km/h)	4:05/km (14,7 km/h)	3:55/km (15,3 km/h)	3:30/km (17,1 km/h)
Marathon : 3 h 15 21,1 km : 1 h 33 10 km : 42:30 5 km : 20:15	5:10/km (11,6 km/h)	4:40/km (12,8 km/h)	4:15/km (14,1 km/h)	4:05/km (14,7 km/h)	3:40/km (16,3 km/h)
Marathon : 3 h 30 21,1 km : 1 h 40 10 km : 45:00 5 km : 21:00	5:30/km (10,9 km/h)	5:00/km (12,0 km/h)	4:30/km (13,3 km/h)	4:15/km (14,1 km/h)	3:50/km (15,6 km/h)
Marathon : 3 h 45 21,1 km : 1 h 47 10 km : 47:30 5 km : 22:30	5:50/km (10,2 km/h)	5:20/km (11,2 km/h)	4:45/km (12,6 km/h)	4:30/km (13,3 km/h)	4:05/km (14,7 km/h)

PÉRIODE DE TRANSITION – MARATHON

GROUPE A – DURÉE 4 SEMAINES

Ce programme permet d'assurer la transition entre deux programmes d'entraînement spécifique de 10 semaines. Il peut aussi tout simplement constituer un ajout de quatre semaines au programme d'entraînement spécifique visé, pour mieux s'y préparer.

SEMAINE \ JOUR	Lun.	Mar.	Mer.	Jeu.	Ven.	Sam.	Dim.
4	R	60 min **6 × 1 min 30 R4** (1 min 30 entre)	40 min	55 min **5 × 3 min R3** (3 min entre)	R	35 min	75 min **2 × 10 min R2** (8 min entre)
3	R	70 min **5 × 2 min R4** (2 min entre)	45 min	60 min **4 × 5 min R3** (5 min entre)	R	40 min	80 min **1 × 20 min R2**
2	R	75 min **8 × 1 min R4** (1 min entre)	45 min	75 min **6 × 4 min R3** (4 min entre)	R	40 min	90 min **2 × 12 min R2** (9 min entre)
1	R	65 min **11 × 15 s** 50 % (5 min entre)	45 min	60 min	R	30 min	**Compétition 10 km**

À noter : Si vous venez de terminer un marathon, nous vous suggérons de réduire de moitié le volume proposé et d'exclure les intensités demandées durant les deux premières semaines du programme de transition. Votre récupération en sera meilleure.

ENTRAÎNEMENT SPÉCIFIQUE – MARATHON
GROUPE A – DURÉE 10 SEMAINES

Tous les entraînements se déroulent au rythme R1, à l'exception des répétitions pour lesquelles un rythme précis est spécifié. La durée totale de la séance d'entraînement est indiquée dès la première ligne de chaque entraînement. Il faut courir un minimum de 10 min au R1 avant de commencer les répétitions afin d'être convenablement échauffé. Par exemple, mardi de la semaine 9 : la durée totale de la séance est de 75 min. Après 10 min au R1, insérez 6 répétitions de 45 s au R5. Chaque répétition au R5 est suivie de 45 s de course au R1.

SEMAINE \ JOUR	Lun.	Mar.	Mer.	Jeu.	Ven.	Sam.	Dim.
10	R	80 min **6 × 2 min** R4 (2 min entre)	45 min	70 min **2 × 8 min** R3 (8 min entre)	R	35 min	120 min **1 × 30 min** R2
9	R	75 min **6 × 45 s** R5 (45 s entre)	40 min	70 min **3 × 5 min** R3 **2 × 5 min** R4 (5 min entre)	R	40 min	100 min **3 × 12 min** R2 (9 min entre)
8	R	80 min **6 × 1 min 30** R4 (1 min 30 entre)	45 min	65 min **4 × 3 min** R3 (3 min entre)	R	40 min	130 min **1 × 35 min** R2
7	R	65 min **11 × 15 s** 50 % (5 min entre)	40 min	50 min	R	30 min	**Compétition 21,1 km**
6	R	75 min **4 × 2 min** R4 (2 min entre)	45 min	60 min **2 × 6 min** R3 (6 min entre)	R	35 min	155 min **1 × 40 min** R2
5	R	80 min **8 × 45 s** R5 (45 s entre)	40 min	75 min **2 × 4 min** R3 **2 × 4 min** R4 (4 min entre)	R	40 min	110 min **3 × 15 min** R2 (10 min entre)
4	R	70 min **12 × 15 s** 50 % (5 min entre)	45 min	60 min **2 × 2 min** R3 **2 × 2 min** R4 (2 min entre)	R	35 min	170 min **1 × 45 min** R2
3	R	80 min **3 × 3 min** R4 (3 min entre)	45 min	75 min **4 × 5 min** R3 (5 min entre)	R	45 min	100 min **1 × 30 min** R2
2	R	75 min **10 × 45 s** R5 (45 s entre)	40 min	70 min **6 × 3 min** R3 (3 min entre)	R	40 min	80 min **2 × 12 min** R2 (12 min entre)
1	R	45 min **2 × 4 min** R4 (12 min entre)	R	35 min	R	30 min	**Marathon 42,2 km**

PROGRAMME D'ENTRAÎNEMENT — MARATHON
GROUPE B

Si vous avez réussi	R1	R2	R3	R4	R5
Marathon : 4 h 00 **21,1 km : 1 h 55** **10 km : 50:00** **5 km : 23:45**	6:10/km (9,7 km/h)	5:40/km (10,5 km/h)	5:00/km (12,0 km/h)	4:45/km (12,6 km/h)	4:15/km (14,1 km/h)
Marathon : 4 h 15 **21,1 km : 2 h 02** **10 km : 53:20** **5 km : 25:00**	6:35/km (9,1 km/h)	6:00/km (10,0 km/h)	5:20/km (11,2 km/h)	5:00/km (12,0 km/h)	4:30/km (13,3 km/h)
Marathon : 4 h 30 **21,1 km : 2 h 09** **10 km : 56:40** **5 km : 26:40**	7:00/km (8,6 km/h)	6:25/km (9,3 km/h)	5:40/km (10,5 km/h)	5:20/km (11,2 km/h)	4:45/km (12,6 km/h)
Marathon : 4 h 45 **21,1 km : 2 h 16** **10 km : 60:00** **5 km : 28:15**	7:25/km (8,3 km/h)	6:45/km (8,9 km/h)	6:00/km (10,0 km/h)	5:35/km (10,7 km/h)	5:00/km (12,0 km/h)
Marathon : 5 h 00 **21,1 km : 2 h 23** **10 km : 64:10** **5 km : 30:00**	7:50/km (7,6 km/h)	7:05/km (8,5 km/h)	6:25/km (9,3 km/h)	6:00/km (10,0 km/h)	5:20/km (11,2 km/h)
Marathon : 5 h 15 **21,1 km : 2 h 31** **10 km : 68:20** **5 km : 32:10**	8:15/km (7,3 km/h)	7:30/km (8,0 km/h)	6:50/km (8,7 km/h)	6:25/km (9,3 km/h)	5:40/km (10,5 km/h)

PÉRIODE DE TRANSITION — MARATHON
GROUPE B — DURÉE 4 SEMAINES

Ce programme permet d'assurer la transition entre deux programmes d'entraînement spécifique de 10 semaines. Il peut aussi tout simplement constituer un ajout de quatre semaines au programme d'entraînement spécifique visé, pour mieux s'y préparer.

JOUR SEMAINE	Lun.	Mar.	Mer.	Jeu.	Ven.	Sam.	Dim.
4	R	65 min **4 × 1 min 30** R4 (1 min 30 entre)	R	55 min **3 × 3 min** R3 (3 min entre)	R	35 min	75 min **2 × 7 min** R2 (5 min entre)
3	R	70 min **3 × 2 min** R4 (2 min entre)	R	65 min **3 × 5 min** R3 (5 min entre)	R	40 min	85 min **1 × 15 min** R2
2	R	75 min **4 × 1 min** R4 (1 min entre)	R	70 min **4 × 4 min** R3 (4 min entre)	R	40 min	95 min **2 × 10 min** R2 (7 min entre)
1	R	55 min **9 × 15 s** 50 % (5 min entre)	R	50 min	R	25 min	**Compétition** **10 km**

À noter : Si vous venez de terminer un marathon, nous vous suggérons de réduire de moitié le volume proposé et d'exclure les intensités demandées durant les deux premières semaines du programme de transition. Votre récupération en sera meilleure.

ENTRAÎNEMENT SPÉCIFIQUE – MARATHON
GROUPE B – DURÉE 10 SEMAINES

Tous les entraînements se déroulent au rythme R1, à l'exception des répétitions pour lesquelles un rythme précis est spécifié. La durée totale de la séance d'entraînement est indiquée dès la première ligne de chaque entraînement. Il faut courir un minimum de 10 min au R1 avant de commencer les répétitions afin d'être convenablement échauffé. Par exemple, mardi de la semaine 9 : la durée totale de la séance est de 75 min. Après 10 min au R1, insérez 4 répétitions de 45 s au R5. Chaque répétition au R5 est suivie de 45 s de course au R1.

SEMAINE \ JOUR	Lun.	Mar.	Mer.	Jeu.	Ven.	Sam.	Dim.
10	R	60 min **4 × 2 min** R4 (2 min entre)	40 min	50 min **1 × 8 min** R3	R	35 min	120 min **1 × 25 min** R2
9	R	75 min **4 × 45 s** R5 (45 s entre)	R	70 min **2 × 5 min** R3 **1 × 5 min** R4 (5 min entre)	R	40 min	105 min **3 × 10 min** R2 (7 min entre)
8	R	60 min **3 × 1 min 30** R4 (1 min 30 entre)	40 min	50 min **2 × 3 min** R3 (3 min entre)	R	35 min	130 min **1 × 30 min** R2
7	R	55 min **9 × 15 s 50 %** (5 min entre)	R	45 min	R	30 min	**Compétition** **21,1 km**
6	R	75 min **2 × 2 min** R4 (2 min entre)	R	60 min **1 × 6 min** R3	R	30 min	160 min **1 × 35 min** R2
5	R	65 min **6 × 45 s** R5 (45 s entre)	35 min	55 min **2 × 4 min** R3 **1 × 4 min** R4 (4 min entre)	R	35 min	110 min **2 × 12 min** R2 (8 min entre)
4	R	55 min **9 × 15 s 50 %** (5 min entre)	R	45 min **1 × 2 min** R3 **1 × 2 min** R4 (2 min entre)	R	30 min	180 min **1 × 40 min** R2
3	R	65 min **2 × 3 min** R4 (3 min entre)	40 min	55 min **2 × 5 min** R3 (5 min entre)	R	40 min	100 min **1 × 25 min** R2
2	R	75 min **8 × 45 s** R5 (45 s entre)	40 min	70 min **3 × 3 min** R3 (3 min entre)	R	40 min	80 min **2 × 10 min** R2 (10 min entre)
1	R	40 min **2 × 4 min** R4 (12 min entre)	R	30 min	R	25 min	**Marathon** **42,2 km**

3:00,00

**LA PLANIFICATION BIENNALE
BIEN COMPRISE**

**VOS QUESTIONS :
S'ADAPTER ET ADAPTER
LES GRILLES D'ENTRAÎNEMENT
À LA VRAIE VIE**

**DES CONSEILS POUR
LA COMPÉTITION**

LA PLANIFICATION BIENNALE BIEN COMPRISE

Les coureurs confirmés ont fait leurs preuves en ce qui concerne la consistance et l'assiduité à l'entraînement. Dans le premier tome de *Courir au bon rythme*, nous suggérions de faire la planification annuelle de vos projets sportifs. Pour la plupart des coureurs qui débutent, prévoir leurs activités un an à l'avance constitue déjà une nouveauté et un défi. Aux coureurs confirmés, cependant, nous conseillons une planification de leur entraînement encore plus étendue, soit sur une période de deux ans.

En faisant une planification pour deux ans, vous pourrez mieux répartir vos objectifs. Il faut en quelque sorte respirer par le nez et se donner le temps de courir et de progresser au bon rythme.

Si vous avez déjà trois ou quatre années d'expérience le rythme de votre progression finira inévitablement par ralentir. Vos progrès seront moins fréquents et plus modestes. Vous passerez par des plateaux qui seront de plus en plus longs avant d'entrer dans une nouvelle période de progression. Après six ans d'entraînement, on ne gravit pas les paliers à la vitesse grand V comme on le faisait au début et, par conséquent, il faut mettre un peu plus de soin à planifier sa progression.

DEUX OU TROIS CYCLES ANNUELS ?

Les nouveaux programmes offrent une très grande flexibilité aux coureurs pour la planification de leur année. Comme vous venez de le voir dans le chapitre précédent, tous les programmes sont composés de blocs de transition de 4 semaines et de blocs d'entraînement spécifique de 10 semaines.

Vous pouvez choisir de vous entraîner sur 2 ou 3 cycles par année, étalés sur 48 semaines, puisque vous réservez 4 semaines pour le repos annuel. Opter pour trois cycles d'entraînement signifie que l'on s'entraînera trois fois en vue d'une compétition de premier ordre (compétition de priorité A), compétition où l'on donne habituellement le meilleur de soi-même et où l'on peut exploiter tout le potentiel développé grâce à l'entraînement. Trois cycles de 14 semaines représentent 42 semaines d'entraînement par année et laissent encore 6 semaines de transition.

À notre avis, ce programme est très difficile à appliquer. Autrement dit, sa faisabilité est surtout théorique. Si vous optez pour trois cycles par année, retenez que cela signifiera une augmentation substantielle de votre volume de travail et donc de l'intensité dans vos entraînements. Malgré le fait que cette charge de travail est à la portée des coureurs confirmés, il faut tout de même tenir compte du calendrier de compétitions et du rythme des saisons au Québec... Sans oublier le fait que nous avons tous une vie !

Si vous optez pour deux cycles d'entraînement spécifique, retenez que vos périodes de transition seront plus longues. En effet, deux cycles complets (transition et spécifique) représentent 28 semaines d'entraînement spécifique. Cela correspond plus ou moins aux deux grandes saisons de compétition sur route au Québec : le printemps et l'automne. À notre avis, vous tirerez un plus grand bénéfice de votre entraînement en canalisant vos élans compétitifs vers l'atteinte de deux objectifs annuels prioritaires. Vous garderez toutes les options ouvertes pour vous assurer d'une bonne récupération, essentielle pour vous préparer adéquatement aux grands rendez-vous.

LES FONCTIONS DES PROGRAMMES DE TRANSITION

Les programmes de transition de quatre semaines ont quatre fonctions principales.

1. **Récupérer après un programme spécifique d'entraînement avant d'en entamer un nouveau.** Vous pourriez inscrire à votre calendrier un programme de transition pour les quatre semaines suivant une compétition de priorité A. La récupération est si importante lorsqu'on revient d'un marathon ou d'un demi-marathon qu'on pourrait même aller jusqu'à couper de moitié le volume prescrit dans le programme de transition du marathon (ou du demi-marathon) et laisser de côté les répétitions qui y sont prévues.

2. **Amorcer un programme d'entraînement spécifique.** Chaque programme de transition est rattaché à un programme d'entraînement spécifique. En somme, le programme d'entraînement de transition constitue une entrée en matière du programme. On peut donc concevoir un programme d'entraînement spécifique comme un programme de 14 semaines quand on l'entame par la phase de transition.

3. **Maintenir la forme.** En enfilant un ou deux programmes de transition, on est assuré de maintenir le niveau de sa forme même si l'on ne suit pas un programme d'entraînement spécifique. En effet, la plupart des programmes de transition prescrivent du travail en intensité. C'est donc dire que la magie des intervalles continuera d'opérer même en dehors des périodes de compétition.

4. **Établir le calendrier et sa planification.** Que faire lorsqu'il n'y a que six semaines entre deux épreuves auxquelles on entend participer? Ce n'est pas assez long pour entreprendre un nouveau programme d'entraînement spécifique, mais c'est assez long pour qu'on se demande comment faire le pont entre les deux événements. Les programmes de transition apportent une réponse flexible et adéquate à ces situations. On pourrait, dans ce cas, suivre les deux premières semaines d'un programme de transition plus léger afin de récupérer de la première compétition et ensuite suivre un programme de transition complet de quatre semaines en vue de la deuxième compétition.

4 SCÉNARIOS

Pour illustrer plus concrètement ce que nous entendons par planification sur deux ans, nous avons imaginé quatre scénarios qui nous semblent représentatifs des objectifs d'un grand nombre de coureurs confirmés et qui respectent aussi les recommandations que nous donnons aux coureurs. Vous pouvez vous inspirer des quatre planifications que nous vous présentons pour bâtir votre propre planification en fonction de vos objectifs. Ces quatre scénarios présentent une façon d'atteindre quatre objectifs de priorité A en deux ans. La planification comprend aussi la participation à d'autres événements, comme vous le verrez plus loin.

Voici les quatre compétitions de priorité A retenues pour chacun des quatre scénarios :

1. courir un demi-marathon et trois marathons en deux ans ;

2. courir un 10 km, deux demi-marathons et un marathon en deux ans ;

3. courir un 10 km et trois demi-marathons en deux ans ;

4. courir un 5 km, deux 10 km et un demi-marathon en deux ans.

SCÉNARIO 1

QUATRE COMPÉTITIONS DE PRIORITÉ A EN DEUX ANS : UN DEMI-MARATHON ET TROIS MARATHONS

Semaine	PREMIÈRE ANNÉE	Priorité
	Période de transition (4 semaines)	
1	5 km ou 10 km	C
	Entraînement spécifique (10 semaines)	
7	10 km ou 21,1 km	B
1	21,1 km	A
	Période de transition (4 semaines)	
1	10 km	C
	Entraînement spécifique (10 semaines)	
7	21,1 km	B
1	MARATHON	A

Semaine	DEUXIÈME ANNÉE	Priorité
	Période de transition (4 semaines)	
1	10 km	C
	Entraînement spécifique (10 semaines)	
7	21,1 km	B
1	MARATHON	A
	Période de transition (4 semaines)	
1	10 km	C
	Entraînement spécifique (10 semaines)	
7	21,1 km	B
1	MARATHON	A

Quelques observations au sujet de cette planification

Deux cycles d'entraînement par année, d'une durée de 14 semaines chacun (4 pour la période de transition et 10 pour la période d'entraînement spécifique).

Les périodes qui précèdent et qui suivent chaque cycle de 14 semaines sont occupées par des programmes de transition selon les contraintes du calendrier et les compétitions choisies. Les autres semaines de l'année sont aussi comblées par des programmes de transition.

Il y a quatre compétitions majeures (priorité A) sur deux ans : trois marathons et un demi-marathon. Il y a aussi quatre compétitions complémentaires (priorité B) sur 10 km ou demi-marathon, et il y a quatre compétitions-tests (priorité C).

Les coureurs peuvent participer à d'autres compétitions durant les périodes de transition.

Comme on le voit, le choix des compétitions est varié. Il est particulièrement important pour les marathoniens de participer à des compétitions de 5 km ou de 10 km durant chaque cycle afin d'affûter leur vitesse sur des distances plus courtes.

SCÉNARIO 2
QUATRE COMPÉTITIONS DE PRIORITÉ A EN DEUX ANS : UN 10 KM, DEUX DEMI-MARATHON ET UN MARATHON

Semaine	PREMIÈRE ANNÉE	Priorité
	Période de transition (4 semaines)	
1	5 km	C
	Entraînement spécifique (10 semaines)	
7	10 km	B
1	10 km	A
	Période de transition (4 semaines)	
1	5 km ou 10 km	C
	Entraînement spécifique (10 semaines)	
7	10 km ou 21,1 km	B
1	21,1 km	A

Semaine	DEUXIÈME ANNÉE	Priorité
	Période de transition (4 semaines)	
1	5 km ou 10 km	C
	Entraînement spécifique (10 semaines)	
7	10 km ou 21,1 km	B
1	21,1 km	A
	Période de transition (4 semaines)	
1	10 km	C
	Entraînement spécifique (10 semaines)	
7	21,1 km	B
1	MARATHON	A

Quelques observations au sujet de cette planification

Deux cycles d'entraînement par année, d'une durée de 14 semaines chacun (4 semaines de transition et 10 semaines d'entraînement spécifique).

Les périodes qui précèdent et qui suivent chaque cycle de 14 semaines sont occupées par des programmes de transition selon les contraintes du calendrier et les compétitions choisies. Les autres semaines de l'année sont aussi comblées par des programmes de transition.

Il y a quatre compétitions majeures (priorité A) sur deux ans : un 10 km, deux demi-marathons et un marathon. Il y a aussi quatre compétitions complémentaires (priorité B) sur 5 km, 10 km ou demi-marathon, et il y a quatre compétitions-tests (priorité C) sur 5 km ou 10 km.

Les coureurs peuvent participer à d'autres compétitions durant les périodes de transition.

Comme on le voit, le choix des compétitions est varié. Pour réussir son marathon, le coureur qui adopte cette planification pourra considérablement affûter sa vitesse en participant à de nombreuses compétitions sur 5 km ou 10 km et développer son endurance en participant à quelques demi-marathons.

SCÉNARIO 3
QUATRE COMPÉTITIONS DE PRIORITÉ A EN DEUX ANS : UN 10 KM ET TROIS DEMI-MARATHONS

Semaine	PREMIÈRE ANNÉE	Priorité
	Période de transition (4 semaines)	
1	5 km	C
	Entraînement spécifique (10 semaines)	
7	5 km ou 10 km	B
1	10 km	A
	Période de transition (4 semaines)	
1	5 km ou 10 km	C
	Entraînement spécifique (10 semaines)	
7	10 km ou 21,1 km	B
1	21,1 km	A

Semaine	DEUXIÈME ANNÉE	Priorité
	Période de transition (4 semaines)	
1	5 km ou 10 km	C
	Entraînement spécifique (10 semaines)	
7	10 km ou 21,1 km	B
1	21,1 km	A
	Période de transition (4 semaines)	
1	5 km ou 10 km	C
	Entraînement spécifique (10 semaines)	
7	10 km ou 21,1 km	B
1	21,1 km	A

Quelques observations au sujet de cette planification

C'est véritablement une planification pour les mordus du demi-marathon. Encore une fois, on a retenu deux cycles d'entraînement d'une durée de 14 semaines chaque année (4 semaines de transition et 10 semaines spécifiques).

Les périodes qui précèdent et qui suivent chaque cycle de 14 semaines sont occupées par des programmes de transition selon les contraintes du calendrier et les compétitions choisies. Les autres semaines de l'année sont aussi comblées par des programmes de transition.

Il y a quatre compétitions majeures (priorité A) sur deux ans : un 10 km et trois demi-marathons. Il y a aussi quatre compétitions complémentaires (priorité B) sur 5 km, 10 km ou demi-marathon et quatre compétitions-tests (priorité C) sur 5 km ou 10 km.

Les coureurs peuvent participer à d'autres compétitions durant les périodes de transition.

SCÉNARIO 4
QUATRE COMPÉTITIONS DE PRIORITÉ A EN DEUX ANS : UN 5 KM, DEUX 10 KM ET UN DEMI-MARATHON

Semaine	PREMIÈRE ANNÉE	Priorité
	Période de transition (4 semaines)	
1	2 km ou 5 km	C
	Entraînement spécifique (10 semaines)	
7	5 km	B
1	5 km	A
	Période de transition (4 semaines)	
1	5 km	C
	Entraînement spécifique (10 semaines)	
7	5 km ou 10 km	B
1	10 km	A

Semaine	DEUXIÈME ANNÉE	Priorité
	Période de transition (4 semaines)	
1	5 km	C
	Entraînement spécifique (10 semaines)	
7	5 km ou 10 km	B
1	10 km	A
	Période de transition (4 semaines)	
1	5 km ou 10 km	C
	Entraînement spécifique (10 semaines)	
7	10 km ou 21,1 km	B
1	21,1 km	A

Quelques observations sur cette planification

Il s'agit ici d'une planification pour développer sa vitesse et son endurance de manière systématique en vue de réaliser un bon chrono au demi-marathon. Encore une fois, on a retenu deux cycles d'entraînement d'une durée de 14 semaines chaque année (4 semaines de transition et 10 semaines d'entraînement spécifique).

Les périodes qui précèdent et qui suivent chaque cycle de 14 semaines sont occupées par des programmes de transition selon les contraintes du calendrier et les compétitions choisies. Les autres semaines de l'année sont aussi comblées par des programmes de transition.

Il y a quatre compétitions majeures (priorité A) sur deux ans : un 5 km, deux 10 km et un demi-marathon. Il y a aussi quatre compétitions complémentaires (priorité B) sur 5 km, 10 km ou demi-marathon et quatre compétitions-tests (priorité C) sur 2 km, 5 km ou 10 km.

Les coureurs peuvent participer à d'autres compétitions durant les périodes de transition.

N'hésitez pas à faire l'essai d'une compétition sur 2 km comme le suggère cette planification. Elles ne sont pas réservées aux enfants! Elles forment le caractère. On y apprend beaucoup sur l'art difficile de maintenir une vitesse «rapide» sur une distance aussi «courte»!

LA QUALITÉ PLUTÔT QUE LA QUANTITÉ

Comme on le voit, pendant les périodes d'entraînement spécifique, ce qui compte ce n'est pas tant le nombre de compétitions auxquelles on participe, que leur qualité. Toutes les compétitions suggérées dans cette planification sont inscrites comme telles dans les grilles des différents programmes d'entraînement pour les périodes de transition et spécifiques. Respecter ce dosage vous évitera l'accumulation de fatigue, facilitera l'assimilation de l'entraînement et vous gardera frais et dispos pour atteindre vos objectifs lors des compétitions prioritaires.

Pensez à plus long terme avant de vous inscrire aveuglément à toutes les compétitions auxquelles vous pouvez avoir accès dans votre région ou ailleurs. Gardez vos objectifs à long terme en tête. Ce n'est pas parce qu'une course est organisée et que vous êtes libre ce jour-là que vous devez y être! Si vous désirez participer à plusieurs compétitions, profitez des périodes qui se situent hors des calendriers d'entraînement spécifique que vous avez établis. La participation à une compétition est d'ailleurs inscrite à la fin de la quatrième semaine de tous les programmes d'entraînement de chaque période de transition. Ne vous fixez alors aucun objectif de performance et participez-y pour le seul plaisir de vous retrouver avec une masse de coureurs qui célèbrent notre sport.

Ces grilles nous rappellent aussi qu'il ne faut pas se limiter à toujours courir la même distance en compétition. Varier les distances, en plus d'ajouter du piquant à notre activité sportive, conduit à un meilleur développement de nos capacités. N'oubliez pas que c'est toujours le même coureur qui court ces épreuves! Des progrès au 5 km ou au 10 km préparent de nouveaux succès sur les distances plus longues, et vice versa! Pour vous améliorer au demi-marathon et au marathon, vous devez aussi améliorer vos temps sur les distances plus courtes. Faites-le et vous serez surpris des résultats, c'est garanti!

Les distances de compétitions ne représentent pas un escalier dont il faut gravir une à une les marches sans interruption jusqu'à ce qu'on arrive au pinacle du marathon. Il vaut mieux suivre la fameuse phrase de Lénine et faire «un pas en avant, deux pas en arrière» (mais pas durant la course!). Il faut penser à la manière de ceux qui gravissent l'Everest: se rendre au camp de base et en revenir, remonter au camp de base et y rester; monter au camp 2 et revenir au camp de base… C'est grâce à ce va-et-vient que le conditionnement des alpinistes devient assez fort pour tenter l'ascension de la dernière marche et arriver au sommet si les conditions s'y prêtent.

Ce n'est donc pas parce que vous l'avez fait une fois que vous pourrez y aller 10 fois par année et toujours en ligne droite. Revenez régulièrement au camp de base. L'analogie tient aussi quand on pense au temps de récupération à observer entre les compétitions. Si les allers-retours entre le camp de base et le camp 2 sont quotidiens, plusieurs jours séparent les allers-retours entre les camps 3 et 4 et le sommet.

En d'autres mots, il n'est pas sage de prévoir plusieurs marathons en un an. Vous risquez de vous retrouver à toujours courir au même rythme, le R2, une fois que vous y serez habitué. Vous ferez ce que les adeptes du LSD (pas la drogue! le *long slow distance*) faisaient à l'époque: toujours courir longtemps et toujours courir lentement.

LE REPOS ANNUEL

Peu importe votre niveau de forme ou de performance, le repos annuel revêt une grande importance et fait partie intégrante de votre planification biennale. Cette période se compose de deux semaines de repos complet et de deux semaines de repos actif. Il ne faut pas négliger le fait que ce sont des semaines et des mois consécutifs d'entraînement que vous allez entamer ensuite... jusqu'à votre prochain repos annuel! Il ne faut pas sous-estimer cet engagement. Ne courez pas le risque de vous retrouver la «langue à terre» au beau milieu de la saison de compétition parce qu'il y 18 mois que vous n'avez pas pris de repos. Qui donc refuserait de prendre des vacances à la fin d'une année? C'est exactement la même chose pour l'entraînement du coureur.

Les coureurs qui ont interrompu leur entraînement pendant l'année parce qu'ils ont soigné une blessure sont parfois tentés de ne pas prendre de repos annuel. Ils arrivent à la conclusion que cette interruption les a placés en déficit d'entraînement et qu'ils ne peuvent se permettre une nouvelle interruption sans nuire à leur progression et diminuer leur forme.

Chaque situation est particulière, mais en général, on ne devrait pas tenir ce raisonnement. Soigner une blessure, ce n'est pas prendre des vacances. Un repos actif de deux à quatre semaines pourrait dans certains cas constituer un compromis acceptable si le coureur se contente de courir sans intensité et à volume réduit.

FAIRE LE BILAN DE SES SAISONS

Vous déciderez de votre planification biennale en fonction de vos goûts et de vos objectifs pour les deux prochaines années en course à pied. Vous tiendrez bien évidemment compte de votre bilan de la dernière année. Dans cette partie, nous vous présentons quelques remarques sur la façon de faire le bilan de vos saisons et nous vous présentons un outil des plus intéressants pour mesurer la qualité de vos performances.

Dans un bilan, tout n'est jamais tout noir ou tout blanc. On a atteint certains objectifs et on en a manqué d'autres. Voyons comment aborder ces questions.

VOUS AVEZ ATTEINT VOS OBJECTIFS

Si vous avez atteint vos objectifs, vous êtes forcément très encouragé pour la suite des choses. Ne vous emballez pas et tentez de comprendre les facteurs clés de votre réussite.

1. Vous aviez établi des objectifs modestes par rapport à ceux de l'année précédente.

2. Vous avez été épargné par les blessures ou des contretemps qui auraient pu interrompre votre entraînement.

3. Vous avez couru au bon rythme et respecté les consignes du programme d'entraînement.

Gardez ces facteurs clés en tête lorsque vous déciderez de vos objectifs pour les deux prochaines années. N'ambitionnez pas de monter une marche trop haute et laissez-vous une marge de manœuvre pour les imprévus qui pourraient ralentir le rythme de vos entraînements au cours des deux prochaines années. Rappelez-vous qu'on ne peut pas sauter d'étapes ni court-circuiter la progression normale d'un coureur sans risquer de menacer l'équilibre de son entraînement. Établissez donc des objectifs stimulants, mais réalistes. Tenez compte de la vraie vie : vos responsabilités professionnelles et familiales changeront-elles ? Relisez les nouveaux programmes d'entraînement et voyez si vous aurez le temps de les suivre, car ils sont plus exigeants.

Adopter une attitude de prudence et se fixer des objectifs réalistes comme nous le suggérons n'équivaut pas à sous-estimer les capacités des coureurs. Il s'agit plutôt de s'assurer d'une progression continue à moyen et long terme, tout en minimisant les risques de surentraînement et de blessures.

En un mot, gardez la même attitude et songez au fait qu'il est souvent mieux de ne pas changer une formule gagnante !

VOUS N'AVEZ PAS ATTEINT VOS OBJECTIFS ?

Êtes-vous en mesure d'expliquer pourquoi vous n'avez pas atteint vos objectifs ? Habituellement, la réponse se trouve dans l'un ou l'autre des éléments suivants :

- Vous n'avez pas couru au bon rythme à l'entraînement. Voyez s'il ne vous est pas arrivé d'obéir aux conseils empoisonnés de la petite voix qui vous disait que, le R1, c'est « vraiment trop lent » comme vitesse d'entraînement ou que le volume prescrit pour votre niveau est « insuffisant ».

- Vous avez « triché » en faisant trop souvent de petits « extras » en distance et en vitesse ? Mesurez précisément le temps passé à l'entraînement et le nombre de sorties réalisées. Tracez un petit graphique pour illustrer ces données mois par mois et comparez celles-ci avec les prescriptions des programmes d'entraînement que vous avez suivis l'an dernier.

- Vous avez fait trop de compétitions ou trop de compétitions sur la même distance. Comptez les compétitions auxquelles vous avez participé. Comptez votre participation à des courses de 5 km, de 10 km, de demi-marathon et de marathon au cours des deux dernières années, et faites le portrait de l'évolution de vos chronos sur chaque distance. Vous y verrez peut-être certains indices révélateurs. Dans chaque programme d'entraînement de *Courir au bon rythme* 1 et 2, on trouve des suggestions sur le nombre et la distance des compétitions à faire durant l'entraînement. Y a-t-il un écart avec ce que vous avez fait ? Est-il considérable ? Gigantesque ?

- Vous vous êtes fixé des objectifs irréalistes eu égard à votre temps de référence. L'expérience nous a montré que c'est souvent parce que les coureurs se fixent des objectifs irréalistes que les entraînements en viennent à paraître trop exigeants et difficiles et que peu à peu le plaisir de courir et la motivation s'émoussent. De là l'importance d'y aller progressivement, de partir d'où l'on en est et de gravir une marche à la fois en courant au bon rythme.

- Vous vous êtes blessé ou des impondérables vous ont tenu à l'écart de l'entraînement. Comment avez-vous réagi aux différents programmes d'entraînement que vous avez suivis l'an dernier ? Avez-vous préféré vous entraîner pour les distances plus longues ou pour les plus courtes ? À quel programme avez-vous été le plus assidu ? À quelle période et durant quel programme est-ce que les blessures sont apparues ? Durant quelle période de l'année avez-vous eu le plus difficulté à maintenir votre horaire d'entraînement en raison de circonstances indépendantes de votre volonté ?

Les réponses à ces questions peuvent expliquer vos résultats et vous conduire à prendre les décisions qui s'imposent. Il n'y a pas deux cas pareils, tout le monde est différent. Il s'agit de faire un plan, d'adopter une planification biennale qui colle à votre situation, vos envies, vos désirs et vos ambitions, vos limites et votre niveau. C'est le temps de renouveler votre motivation et de rallumer la flamme du coureur en vous.

Tenez compte de tous les facteurs qui définissent votre situation : votre âge, votre expérience ou encore le fait que vous pratiquiez d'autres sports de façon régulière.

QUELS SONT VOS TALENTS NATURELS ?

Vos performances sont-elles «meilleures» dans les épreuves de 5 km et de 10 km ou sur le demi-marathon et le marathon ? Disons que vous avez réalisé un temps de 20 min au 5 km et de 1 h 42 au demi-marathon. Laquelle de ces performances est la meilleure ? On pourrait en déduire, en se fiant aux groupes et aux sous-groupes des grilles proposées dans *Courir au bon rythme*, que votre performance au 5 km est supérieure puisqu'elle se situe dans le deuxième niveau du groupe A, alors qu'au demi-marathon, votre performance se classe dans le quatrième niveau du groupe A.

Ce n'est pas du tout l'objectif de ces tableaux que de comparer et de mesurer les performances individuelles d'un coureur sur les différentes distances. En principe, ce dernier devrait s'entraîner en suivant les rythmes du deuxième niveau du groupe A si sa performance au 5 km représente son temps de référence actuel, peu importe la distance pour laquelle il s'entraîne. On constate néanmoins que ce n'est pas toujours aussi simple.

UN OUTIL DE MESURE UNIVERSEL DE VOS PERFORMANCES

Nous vous proposons à l'Annexe 2 (page 165) un outil dont bon nombre de coureurs ignorent l'existence. Il s'agit de la table de pointage universelle des performances en course sur route. Nous vous proposons la table Cyclide-Mercier, dont le concept original a été créé par Daniel Mercier en 1986[1]. Elle sert à comparer les performances dans les différentes épreuves en athlétisme et en course sur route. Elle est utilisée par la Fédération québécoise d'athlétisme, par Athlétisme Canada et par la USA Track and Field Association. M. Mercier est entraîneur en athlétisme depuis 1977, il a été entraîneur pour Athlétisme Canada de 1987 à 1995 et il est le président-fondateur de Cyclide.

---

1   Nous remercions M. Mercier de sa collaboration et de nous avoir permis de vous faire profiter de sa table, qui est révisée et mise à jour par l'entreprise.

Cette table est révisée et mise à jour régulièrement par l'entreprise. La dernière mise à jour date de 2010. Les tables sont basées sur l'analyse des meilleures performances mondiales sur une période de 4 ans. Les athlètes de classe mondiale font des performances valant de 900 à 1000 points et un coureur moyen va faire des performances valant environ 500 points.

La beauté de cette table, c'est qu'elle est pondérée en fonction du sexe et de l'âge de l'athlète. Ainsi, un temps de 20 min au 5 km vaut autour de 525 points pour un homme de 20 ans, près de 600 points pour un homme de 40 ans et un peu plus de 750 points pour un homme de 60 ans, alors qu'il vaut plus de 650 points pour une femme de 20 ans, près de 725 points pour une femme de 40 ans et 900 points pour une femme de 60 ans.

La table que vous trouverez en annexe attribue des points à toutes les performances correspondant aux tableaux des rythmes d'entraînement des grilles de *Courir au bon rythme* sur les distances de 5 km, 10 km, 15 km, 20 km, du demi-marathon et du marathon, pour les hommes et les femmes de 20 ans, 40 ans et 60 ans. Consultez cet intéressant outil pour comparer la valeur de votre performance avec celles de vos amis coureurs et coureuses, peu importe leur âge.

DEUX GRANDS TYPES DE COUREURS

La table de pointage Cyclide-Mercier n'est pas conçue pour faire des prédictions de performance. Par exemple, selon les auteurs de la table, le 100 m en 9,84 s du Québécois Bruny Surin vaut 988 points, ce qui équivaut à faire 2 h 4 au marathon. Le sprinter ne serait sans doute pas capable de réaliser une telle performance...

Qu'est-ce à dire? Tout simplement que les coureurs ne performent pas tous également sur toutes les distances. Certains réussissent mieux sur des distances plus courtes, et d'autres sur des distances plus longues. En langage d'entraîneur, on dira que certains coureurs sont plus rapides et d'autres, plus endurants. Et si vous cherchez de grandes explications à ce phénomène, dites-vous qu'il trouve d'abord son origine dans la chambre à coucher de vos parents! C'est en grande partie une question d'hérédité et, pour le reste, d'entraînement. Faites donc l'exercice : consultez la table de pointage en annexe et voyez le profil de vos performances sur les différentes distances. Êtes-vous un coureur rapide ou un coureur endurant?

L'IMPACT DE CETTE ÉVALUATION SUR VOTRE PLANIFICATION

L'hérédité a laissé dans nos muscles une proportion toute personnelle de ce qu'on appelle les fibres lentes et les fibres rapides. Pour environ 70 % de la population (et donc des coureurs), cette proportion s'établit à environ 70 % de fibres lentes et 30 % de fibres rapides. C'est l'expérience qui parle ici, et non des données scientifiques. Parmi les coureurs, il se trouve une minorité, que l'on pourrait évaluer à environ 20 %, dont les fibres lentes et les fibres rapides se trouvent en proportions quasi égales de 50 %. Quant aux sprinters, une infime minorité, ils versent dans l'autre extrême avec une composition pouvant aller jusqu'à 90 % de fibres rapides et 10 % de fibres lentes.

Ainsi, en participant à une course de 4 km dans le sable et sur les collines de la base de plein air des Cèdres (à l'époque nommée les Forestiers) dans le cadre du Cross des couleurs durant les années 1990, Bruny Surin a relevé ce qu'il a lui-même qualifié de «tout un défi». Un défi que peu d'entre nous auraient accepté, en retour, sur sa piste de 100 m!

Évidemment, chaque coureur se situe quelque part dans cet éventail, et notre objectif n'est pas du tout de vous amener à faire faire l'analyse de la composition de vos fibres musculaires. Mais il se peut qu'une question se pose à vous à la suite de l'analyse de vos performances et au moment de planifier votre programme biennal d'entraînement : devriez-vous viser le développement de vos forces ou tenter d'améliorer vos faiblesses ?

EXPLOITER SES POINTS FORTS OU CORRIGER SES POINTS FAIBLES

Bien entendu, vous êtes seul maître à bord. Et nous suggérerons toujours de mettre le plaisir avant la recherche de la performance. Pour savourer longtemps le plaisir de courir, on devrait planifier ses saisons en fonction de ce qui nous est plus facile, plus agréable et plus naturel. Il y a peu d'intérêt à vous lancer dans des programmes d'entraînement qui vous feront souffrir et dont vous ne tirerez pas de grandes satisfactions. En clair, ne mettez pas à votre programme de courir trois marathons en deux ans si vous avez plus de facilité dans les courses sur de plus courtes distances! Exploitez plutôt vos forces et concentrez votre planification sur vos points forts, sur ce que vous réussissez le mieux et sur ce qui vous procure le plus de satisfaction. C'est aussi simple que cela.

Pour les coureurs qui sont le plus endurants (qui ne se souvient pas du commentaire d'Yves Boisvert dans son blogue dans lequel il jurait de ne plus jamais retourner au 5 km aussitôt le cap des 20 min au 5 km franchi?), la planification biennale mettra en vedette la participation à des 10 km, à des demi-marathons et à des marathons.

Pour les coureurs de type 50-50, l'accent sera probablement mis sur le développement de la vitesse. On trouvera donc en vedette les programmes conduisant à de meilleures performances sur le 5 km et le 10 km plutôt que sur le demi-marathon et le marathon.

Cela dit, variez le menu et courez au moins une fois sur toutes les distances de compétition au cours de chaque planification biennale. On appelle cela faire un «grand schelem». Cela se décline en deux versions :

- 5 km, 10 km, demi-marathon et marathon ;
- 2 km, 5 km, 10 km et demi-marathon.

Il faut varier les distances de compétition et le faire de manière à exploiter ses forces et ses habiletés naturelles. Pour éviter de stagner et d'atteindre rapidement un plateau, il faut en effet éviter de toujours compétitionner sur les mêmes distances. Qu'on le veuille ou non, l'entraînement pour des courses de fond contribue à l'équilibre et au développement du coureur de demi-fond et vice versa. Cela demeure toujours une question de dosage. Laissez la spécialisation aux athlètes de championnats et à ceux qui rêvent aux Olympiques. Il y va de votre développement.

Autrement dit, l'idée que des coureurs puissent presque s'excuser de «JUSTE» participer à une compétition de 5 km, comme si cela avait moins de valeur et d'importance, est à bannir de votre esprit. La compétition au 5 km est aussi sérieuse que le marathon et représente tout autant un défi, un plaisir et une réalisation de soi. Elle fait partie intégrante de la vie sportive de tout coureur sérieux.

VOS QUESTIONS : S'ADAPTER ET ADAPTER LES GRILLES D'ENTRAÎNEMENT À LA VRAIE VIE

C'est bien beau toute cette belle planification, mais il y a la vraie vie qui n'obéit pas toujours à nos quatre volontés. Il faut savoir s'adapter et, en matière d'entraînement, répondre aux situations qui ne se conforment pas à notre planification. Voici donc quelques questions et réponses concernant ce sujet qui a fait couler beaucoup d'encre depuis la parution de *Courir au bon rythme*.

Question : J'ai manqué une semaine ou deux d'entraînement. Devrais-je reprendre les semaines que j'ai manquées ou reprendre le programme au point où je devrais me trouver à cette date ?

Réponse : Si ce n'est pas une blessure qui est à l'origine de l'arrêt de votre entraînement, reprenez-le à la case correspondant à la date de votre retour. Reprenez progressivement : réduisez de moitié le volume et l'intensité inscrits au programme d'entraînement durant la première semaine. La deuxième semaine, réduisez-les du tiers. Si tout va bien, poursuivez à partir de là votre entraînement en suivant le programme dans son intégralité.

On ne perd pas sa condition physique en une semaine, et certainement pas au point qu'il soit nécessaire de tout reprendre, mais il faut tout de même compter environ une semaine pour revenir à la case départ et à la même condition physique après une semaine d'interruption. Il faut deux semaines, si l'on s'est arrêté deux semaines, trois, si l'on s'est arrêté trois semaines... Vous voyez le topo ?

Dans certains cas, un repos imprévu peut avoir des effets bénéfiques étonnants. On a vu des coureurs en tirer un avantage surprenant une fois de retour à l'entraînement. Cela leur avait été salutaire.

Une exception cependant : les deux ou trois dernières semaines d'un programme d'entraînement sont cruciales en ce qu'elles marquent la fin de l'entraînement avant la compétition principale. Si vous avez raté ces dernières semaines d'entraînement, diminuez vos attentes et ne cherchez pas à faire comme si rien ne s'était passé.

Question : Mon temps de référence est de 36 min pour le 5 km. Il ne figure pas sur les grilles des rythmes d'entraînement de *Courir au bon rythme*. À quel rythme devrais-je m'entraîner ?

Réponse : Il est probable qu'à 36 min ou 38 min pour un 5 km, vous ne soyez pas encore tout à fait en mesure de suivre quatre rythmes différents à l'entraînement. Vous êtes probablement en mesure de ne soutenir que deux rythmes : un à l'entraînement et un autre plus rapide pour couvrir la distance de 5 km en compétition — une distance relativement longue pour votre forme.

Entraînez-vous à ces deux rythmes jusqu'à ce que, l'expérience aidant, vous puissiez réellement apprendre à courir sur quatre rythmes. Néanmoins, pour vous guider, disons qu'en général, à votre niveau, il existe un écart d'environ 2 min/km entre le rythme en endurance fondamentale (R1) et le R4, rythme du 5 km ; par ailleurs, toujours à ce niveau, il y a un écart d'environ 45 s/km entre le R1 et le R2.

Question : Que faire après un programme d'entraînement spécifique lorsque sa prochaine compétition se trouve à une date trop rapprochée dans le calendrier pour espérer compléter un nouveau programme d'entraînement spécifique ?

Réponse : S'il s'agit de compétitions sur 5 km ou 10 km, utilisez tout simplement les programmes de transition de quatre semaines correspondant à la distance de la deuxième compétition. En cas de besoin, ajoutez une ou deux semaines du programme de transition.

S'il s'agit de courir deux marathons, la situation est un peu plus compliquée. L'idéal lorsqu'on envisage de faire les marathons de Montréal et de New York ou ceux de Boston et d'Ottawa est de suivre, durant la période entre les deux marathons, le programme de mise en forme A ou B de huit semaines pour le marathon que nous avons présenté dans *Courir au bon rythme* (pages 100 à 103). Si vous ne disposez pas de huit semaines (comme c'est souvent le cas entre Boston et Ottawa), utilisez autant des dernières semaines de ce programme que le calendrier vous le permettra.

Question : Que faire s'il fait trop mauvais pour une séance d'entraînement et si on n'a pas accès à un gymnase ou à un tapis roulant ?

Réponse : Ne prenez aucun risque inutile, mais faites le maximum pour adapter votre entraînement aux conditions. Arrêtez-vous près d'une surface plus dégagée et sécuritaire pour faire vos répétitions par exemple, quitte à marcher entre les répétitions plutôt que de chercher à revenir au R1. Réduisez le temps total de course prévu pour la séance. Faites du mieux que vous pouvez : il n'y aura pas mort d'homme si vous manquez un entraînement ou le modifiez pour le rendre possible et sécuritaire dans les circonstances. Le pire ennemi du coureur en hiver, ce sont les surfaces glacées. Il est impossible de se prémunir contre les risques qu'elles représentent, alors qu'on peut toujours trouver le moyen de contrer les effets du vent, de la neige et du froid.

Question : Peut-on changer les jours d'entraînement ? S'entraîner le mercredi, plutôt que le mardi, courir le samedi à la place du dimanche, etc. ?

Réponse : Cela est tout à fait possible et n'hésitez jamais à le faire. Évitez cependant de laisser passer plus de deux journées entières sans vous entraîner et faites en sorte de ne pas courir plus de trois jours consécutifs. Évitez aussi de faire deux entraînements de suite avec intensité. Le repos fait partie intégrante de l'entraînement et le manque de repos peut avoir des conséquences encore plus néfastes que de ne pas compléter un entraînement. Vous pouvez donc interchanger sans risque les journées du lundi et du mardi, celles du mercredi et du jeudi ou celles du samedi et du dimanche.

DES CONSEILS POUR LA COMPÉTITION

Voici une section pour les coureurs qui veulent améliorer leur performance en compétition. Nous y discutons des aspects généraux de la question et nous concentrons notre attention sur les tactiques susceptibles d'aider à réussir un marathon ou un demi-marathon.

VISER UN TEMPS DE PASSAGE NÉGATIF SUR LA DEUXIÈME MOITIÉ DU PARCOURS

Un bon moyen de savoir si l'on a fait une bonne course consiste à comparer le temps de passage à la demie et le chronométrage final de la course. Si vous avez effectué la deuxième moitié du parcours plus rapidement ou en un temps équivalent à celui de la première moitié, c'est que vous avez bien géré votre course et bien dosé vos efforts.

Cette règle vaut pour toutes les épreuves, y compris celles du demi-marathon et du marathon. Généralement, beaucoup plus de coureurs y parviennent sur 5 km et 10 km qu'au demi-marathon et au marathon ; dans ce dernier cas, la proportion de coureurs qui y parviennent dépasse à peine 20 % ! Voilà un indicateur à garder en tête pour la gestion de vos compétitions, à moins bien sûr que vous ne soyez un coureur d'élite qui lutte pour remporter la victoire et non pour établir un nouveau chrono. Dans les épreuves de championnat sur piste, la stratégie et les tactiques sont très différentes de celles des compétitions récréatives sur route. Ainsi, il est fréquent que les deux premiers de chaque vague de qualifications passent au tour suivant (et que l'on ne tienne compte que des deux meilleurs chronos parmi ceux ou celles qui ont fini en troisième position). De la même façon, on remet des médailles aux trois premiers... peu importe leur chrono. Les coureurs sur route récréatifs ont pour leur part tout intérêt à gérer leur rythme de compétition comme nous le proposons.

En tant qu'entraîneur (Jean-Yves), je parle à mes athlètes et je tente toujours de diminuer la pression qu'ils s'imposent à la veille des compétitions. La veille d'une compétition de priorité A, évitez de placer la barre trop haute et de vous créer des attentes élevées en vous répétant, par exemple, que votre objectif est d'établir un nouveau record personnel de distance. Cela risque d'ajouter une pression inutile sur vos épaules. Il est possible que votre entraînement ait été un succès et que vous ayez la possibilité de le faire ; cependant inutile de concentrer votre attention sur cette idée. Pensez plutôt à un objectif qualitatif comme de bien gérer votre course et de donner le meilleur de vous-même à tous les points de vue durant le jour J. Vous ne pouvez faire mieux que de courir du mieux que vous pouvez et donner le maximum au cours de l'épreuve. Le record personnel sera ou ne sera pas battu, mais vous pourrez, dans tous les cas, vous féliciter de votre course.

Dites-vous qu'à chaque amélioration que vous faites en compétition, vous vous rapprochez du standard olympique. C'est déjà pas si mal.

TENIR COMPTE DE LA PRIORITÉ DES COMPÉTITIONS : A, B OU C

Toutes les compétitions auxquelles vous participerez n'ont pas la même importance. C'est l'un des buts de la planification biennale d'établir un ordre de priorité : celles qui sont de la première importance (A) et celles qui sont d'une importance secondaire (B et C). Ces dernières sont des étapes et des moments de l'entraînement. Elles servent à parfaire l'entraînement et à faciliter la réussite visée dans la compétition prioritaire (A). Elles sont autant d'occasions de tenter des expériences et d'apprendre à gérer la compétition.

Une épreuve de catégorie A se déroule à la fin d'un entraînement spécifique de 10 ou 14 semaines ; quant à elles, les épreuves de catégorie B, se déroulent au beau milieu du programme, parfois sur la même distance que la compétition de catégorie A. On ne doit donc pas espérer y obtenir de grands résultats. Les programmes sont justement conçus comme une longue orchestration de l'entraînement. Les dernières semaines sont consacrées au repos actif de manière à arriver à l'« assimilation » complète de tous les effets de l'entraînement. Les programmes peuvent être comparés à des cartes routières. Comme ces dernières, ils vous servent en effet à atteindre la destination choisie: être dans la meilleure forme possible le jour de la compétition de catégorie A.

C'est à l'occasion des compétitions de catégorie A que l'on tentera d'aller au bout de ses rêves et qu'on prendra des risques en vue d'atteindre de nouveaux sommets. On ne peut s'attendre à de tels résultats en participant à une épreuve de catégorie B.

LA PÉRIODE DE *TAPER*

Difficile de trouver un terme français pour désigner de manière précise cette période qui se situe à la fin d'un programme d'entraînement et durant laquelle le volume et l'intensité du travail sont considérablement réduits pour permettre la pleine assimilation des effets de l'entraînement. Comme on se plaît à le répéter en course à pied, durant les trois dernières semaines d'entraînement avant un marathon ou les 7 à 10 derniers jours précédant les autres épreuves, il n'y a plus rien à faire pour améliorer votre performance. Tout est joué. Vous avez terminé votre entraînement et c'est le temps de récupérer (une récupération active et planifiée) pour être au sommet de votre forme à la ligne de départ. La seule chose qui vous reste à faire pour vous préparer est de suivre à la lettre le programme pour cette période cruciale afin de mettre toutes les chances de succès de votre côté. Mais vous pouvez encore céder au doute et vous écarter du programme en ajoutant un ou deux «tout petits entraînements» de dernière minute «pour vous rassurer». En agissant de la sorte, vous risquez de saboter tout votre entraînement.

LES JOURNÉES PRÉCÉDANT LA COURSE

Bon nombre de gens arrivent fatigués sur la ligne de départ d'un événement du dimanche parce qu'ils n'ont pas pris le temps de relâcher l'entraînement et de se reposer. Plusieurs croient que l'on devrait s'entraîner une dernière fois deux jours avant la course à des rythmes de compétition de manière à se garder les jambes «fraîches». Ce n'est pas recommandé. Vous êtes à la fin de votre période préparatoire. Reposez-vous le vendredi et pratiquez un léger entraînement le samedi, la veille de la course, histoire de réveiller les jambes et l'esprit.

L'entraînement de la veille doit être léger, au R1 et de courte durée. On ne doit aucunement dépenser l'énergie accumulée. Il faut être radin de ses ressources et tout garder pour le lendemain. À peine un échauffement et une course facile. Faites l'exercice mental et physique d'insérer dans votre sortie 3 ou 4 accélérations de 15 s à 50 % de votre vitesse maximale. Revenez au R1 pendant 2 min entre chacune des accélérations.

Idéalement, vous devriez vous entraîner à l'heure prévue pour le départ de l'épreuve du lendemain. Ne laissez rien de vos énergies sur le terrain de la veille ! Emportez tout avec vous. Normalement, vous devriez vivre un moment de puissance et de contrôle, sentir que vous avez rarement connu un tel niveau d'énergie. Cette énergie, vous la canaliserez le lendemain, lors de l'épreuve.

Profitez du reste de la journée pour vous reposer et préparer votre sac et vos effets personnels. Ainsi, cela ne vous causera pas de un stress le matin de l'événement et surtout, vous n'oublierez rien à la maison.

L'ÉCHAUFFEMENT AVANT LA COURSE

Devriez-vous vous échauffer avant une course ? La règle veut que le temps consacré à l'échauffement avant la course soit inversement proportionnel à la longueur et à la durée de cette dernière.

Cela signifie que, pour une compétition de 5 km, l'échauffement est capital. Il n'est pas rare de voir des coureurs avancés consacrer presque autant de temps à l'échauffement qu'à la compétition elle-même. Cela se comprend. Les coureurs confirmés se lancent pratiquement dès le départ au R4. S'ils sont bien préparés, ils finiront probablement à une vitesse plus grande à la fin du parcours. On ne se lance pas dans une course à ce rythme sans se préparer ! Ce serait courir au désastre.

DES CONSIDÉRATIONS PARTICULIÈRES POUR LES MARATHONIENS

L'ÉCHAUFFEMENT

La grande majorité des coureurs (à l'exception des Kenyens, car il ne s'agit que d'une autre course de 42 km pour eux) consacrera peu de temps à l'échauffement avant le départ d'un marathon. Après tout, on ne tient pas nécessairement à ajouter des kilomètres aux 42,2 km que l'on s'apprête à courir!

Toutefois, il est fortement recommandé de vous délier les jambes, de vous étirer en douceur, de faire de très courts passages en jogging lent ou de sautiller sur place — avec le minimum d'efforts, juste pour vous détendre et vous assurer qu'au départ, vous ne sentirez pas de raideur. Il faut éviter les effets négatifs causés par le fait qu'on se retrouve souvent des heures à l'avance rassemblés sur les lieux de départ, qu'il ne fait pas toujours chaud et qu'on passe beaucoup de temps debout à attendre.

LE DÉPART

Les départs des grands marathons sont souvent laborieux et lents malgré les corrals ou autres dispositifs que les organisateurs mettent en place pour les faciliter. Il faut du temps pour arriver et franchir la ligne de départ ; il faut du temps ensuite pour disposer d'assez d'espace pour prendre son propre rythme sans avoir à se faufiler parmi les plus lents.

Autrefois, le départ était une grande cause de stress pour les coureurs, mais avec la technologie des puces, il n'y a plus de quoi s'énerver. En fait, c'est un peu l'inverse qui se produit. On a vu des coureurs rester en file devant les toilettes à l'heure du départ, assurés d'un juste chronométrage.

S'il n'y a plus de raison de craindre d'avoir un mauvais chronométrage, il faut se méfier de l'atmosphère électrisante dans laquelle ont souvent lieu ces grands départs. Les cris des spectateurs, l'émotion après ces longs mois de préparation et ces longues heures d'attente avec tous les autres coureurs pourraient vous emporter et vous faire prendre un rythme qui n'est pas le vôtre. Une erreur qui pourrait être coûteuse étant donné la durée de la course.

LA PREMIÈRE PARTIE DU MARATHON

Dans les 5 à 10 premiers kilomètres de la course, il importe donc d'adopter un rythme qui ne dépasse jamais celui de votre meilleur chrono. Vous aurez amplement le temps de faire le point et de régler votre rythme en fonction des conditions qui prévalent, de votre état et de vos objectifs. Bref, adoptez le R2 pour lequel vous vous êtes entraîné.

Une autre approche, surtout pour ceux qui en sont à leurs premières armes, consiste à diviser l'épreuve en trois parties à peu près égales. Dans le premier tiers, il appartient au coureur de retarder au maximum tout effort à accomplir. C'est le temps de relaxer, de s'installer dans la course, de s'imprégner de l'atmosphère qui règne et de jouir du moment présent. La clé c'est de retarder tout effort. Vous sentez un léger essoufflement? Ralentissez. Vous sentez que vous faites un effort, aussi faible soit-il, pour maintenir le rythme? Ralentissez. Relaxez durant la première partie de la course et ne vous fatiguez sous aucun prétexte. Ne vous inquiétez pas si, lorsque vous passez la borne du cinquième kilomètre, vous êtes en retard de quelques secondes ou de quelques minutes sur le temps de passage que vous aviez prévu. Il y a encore beaucoup de foulées à faire, de nombreux kilomètres à franchir.

LA DEUXIÈME PARTIE

Au dixième kilomètre, vous entrerez bientôt dans la deuxième partie de la course. Ajustez alors votre rythme : adoptez le R2 pour le reste de l'épreuve. Allez-y progressivement, tout en douceur. C'est ici que vous pourrez rattraper le temps perdu. Votre objectif est d'arriver à la moitié du parcours tout près du temps de passage que vous aviez prévu. Encore une fois, allez-y en douceur, demeurez détendu et repoussez tout effort d'importance. Remettez cela à plus tard, cela viendra bien assez vite.

LA TROISIÈME PARTIE

Entre le 26e et le 35e kilomètre, les premiers signes de la bataille que vous devrez engager avec vous-même pour terminer le marathon apparaîtront. C'est ici que vous commencerez à vous dire que ce défi est un «peu beaucoup difficile», que vous vous demanderez si vous avez eu raison de vous être embarqué là-dedans.

C'est inévitable. Si vous êtes prêt et si vous avez une bonne journée, tout le reste du parcours va se passer entre vos deux oreilles, dans un grand dialogue avec vous-même ; le soliloque du marathonien en fin de parcours a été traduit dans toutes les langues et il se renouvelle des millions de fois par année partout dans le monde. En français, il en existe des versions dans tous les niveaux de langue, et il arrive souvent que le coureur change de niveau de langue à mesure qu'il pénètre plus profondément dans cette zone.

C'est ici qu'il faut se répéter que la douleur vient puis diminue, comme les flux et les reflux des vagues de l'océan. Il vous faudra persister et traverser chaque vague de fatigue et de douleur, en sachant qu'un léger répit lui succédera. C'est ici qu'il vous faudra vous compter des histoires, vous répéter que vous avez souvent couru ces huit petits kilomètres, ces six petits kilomètres, ces quatre petits kilomètres qui restent à parcourir. C'est ici que bon nombre d'entre vous auront recours à toutes les sources de motivation qui ont déjà traversé leur cerveau et coulé dans leurs veines pendant l'entraînement. C'est ici que vous réaliserez pleinement qu'il y a un prix à payer pour mériter le titre de marathonien. Oui, c'est réellement la «dureté du mental» qui fera la différence.

Mon humble expérience me pousse à vous recommander d'éviter autant que possible de marcher quand vous serez dans cette zone. Cesser de courir pour une petite pause-marche vous soulagera à coup sûr et vous pourrez sans doute reprendre rapidement la course, mais cette pause vous donnera envie de récidiver et alors votre temps de marche pourrait être plus long. Vous aurez ainsi mis le pied dans une spirale infernale : plus vous marcherez, plus il vous sera difficile de courir, et moins vous courrez longtemps entre chaque période de marche... Vous me suivez ?

Et là, tout en marchant et en hésitant à reprendre la course, vous compterez les secondes qui s'écoulent, puis les minutes... Et ce n'est pas bon pour le moral ! Rappelez-vous qu'il est normal d'avoir envie de marcher. Rappelez-vous qu'en vous engageant à courir le marathon, vous saviez qu'il vous faudrait pousser la machine jusque dans ses derniers retranchements et l'amener à faire quelque chose qui dépasse ses capacités naturelles. C'est cela courir un marathon. C'est dans le dernier tiers que tout se joue.

Voilà pourquoi il ne faut pas s'engager trop vite ou à la légère dans un marathon. Voilà pourquoi nous suggérons aux coureurs de prendre un minimum d'expérience de deux années avant de se soumettre à ce grand test et de relever ce défi incroyable.

UN MOT AU SUJET DU FAMEUX MUR

Personne ne peut prédire avec certitude ce qui se passera le matin d'un marathon, quel que soit le niveau de la préparation. Comme nous le disions dans *Courir au bon rythme*, c'est comme si la machine humaine était faite pour courir environ 32 km. Autour de cette borne, vous entrez dans une zone que seuls les marathoniens connaissent.

Ce n'est pas tous les coureurs qui se heurteront à un mur dans un marathon, mais tous vont s'en approcher, tous entreront dans la zone qui l'entoure. Se heurter à un mur, c'est... se heurter à un mur. Il n'y a plus aucun truc motivationnel, plus aucune tentative de se détendre ou de s'éloigner mentalement de la douleur. Tous les systèmes échouent. C'est la panne sèche, l'arrêt complet, la fin.

Chacun trouve sa recette pour l'éviter, mais personne ne peut être certain qu'en agissant de telle ou telle façon, il en sera préservé. Ce qui a marché une fois ne marchera pas nécessairement à tous les coups. D'autant plus qu'on ne contrôle jamais les éléments qui peuvent faire la différence entre un marathon réussi et un marathon difficile. Je pourrais affirmer d'expérience qu'un marathon sur quatre se révèle plus difficile que les autres.

Si des nausées vous assaillent, si des crampes vous font boiter, si vous vous sentez étourdi ou frissonnant, si vous vous sentez désorienté... quelque chose ne va pas. Tenez compte de ces signaux que votre corps vous envoie. Demandez de l'aide aux bénévoles sur le parcours. Oubliez les minutes qui s'écoulent, oubliez votre fierté et votre motivation, il y a urgence et il faut agir tout de suite. On court pour la santé d'abord. Ce ne sera que partie remise pour le marathon si vous faites ce qu'il faut en temps voulu et si vous ne dépassez pas vos limites.

Par contre, il faut bien le dire, si les choses se déroulent à peu près normalement et que vous persistez, que vous savez ménager vos forces, doser vos efforts, garder votre concentration et gérer le stress, bref si vous êtes prêt, lorsque vous apercevrez cette grande bannière à l'arrivée, vous vivrez un des plus beaux moments de votre vie. Courir un marathon est prestigieux. C'est une expérience extraordinaire. Vous vivrez des émotions très vives et uniques. J'en connais plusieurs qui doivent refouler leurs larmes quand enfin ils franchissent la ligne d'arrivée. C'est normal. Vous avez tout donné et vous avez réussi un défi que peu de gens relèveront dans leur vie. Vous ne serez plus jamais la même personne.

L'HYDRATATION ET LES GELS

L'hydratation joue un rôle capital dans le succès du marathonien. Aujourd'hui, on constate que nombre de coureurs utilisent aussi des suppléments sous forme de gel qu'ils consomment généralement tous les 5 km, entre le 15e et le 30e kilomètre, en s'assurant de le faire à proximité d'un poste d'eau. Si vous désirez utiliser de tels suppléments ou encore boire une boisson sportive et ne plus simplement vous fier à l'hydratation traditionnelle, essayez votre recette au cours d'une répétition générale bien avant le grand jour. On ne doit pas tenter d'expérience le jour d'un marathon !

ET APRÈS ?

Que devriez-vous faire dans les minutes qui suivent votre arrivée à la fin d'un marathon ou d'un demi-marathon ? Il faut bouger ! Il faut marcher. Je suis toujours étonné de voir que certains coureurs parviennent à faire une course lente après avoir terminé un marathon. Si c'est votre cas, bravo ! Mais à tout le moins, marchez.

La tentation est forte de ne rien faire, de rester là, debout, ou de vous étendre quelque part. Mais après quelques minutes de récupération, marchez. Dans les heures qui vont suivre, vos quadriceps auront tendance à former un pain de sucre dur comme de la roche. Vous avez beaucoup exigé d'eux, et vos quads vont fermer boutique en guise de représailles ! *No mas*, diront-ils, comme le boxeur Roberto Duran devant Sugar Ray Leonard.

Dans les heures qui vont suivre, marchez encore. Appliquez de la glace sur vos muscles pour aider à la cicatrisation des microdéchirures. Essayez de faire de légers exercices d'étirement, en particulier pour les muscles du bas du dos, qui suivront la tendance et imiteront vos quadriceps. Surtout, ne forcez rien. Mais ne les laissez pas à eux-mêmes non plus. Trouvez la recette qui vous convient, car votre recette sera certainement la meilleure pour vous.

Au Championnat du monde d'athlétisme à Edmonton, en 2001, Isabelle Ledroit représentait le Canada au marathon. Les entraîneurs de l'équipe nationale avaient leur recette bien à eux et elle tenait dans un baril (non, non, pas un baril de bière...) de glace. Nous n'avons pas de photos à vous présenter, mais vous pouvez vous imaginer la scène : les cinq marathoniennes de l'équipe canadienne, côte à côte, chacune plongée dans son baril de glace pour récupérer après la compétition !

Vous pouvez recommencer à courir dans les jours qui suivent — de courtes sorties au R1 ou en course lente, tous les deux jours, question de remettre lentement la machine en marche, de stimuler la circulation sanguine et d'assouplir les muscles. Privilégiez des surfaces molles pour ces sorties, comme la pelouse d'un parc, un sentier en forêt ou une piste en gravier.

La sagesse populaire de la première vague voulait qu'on évite toute compétition et tout travail exigeant en intensité pour une durée correspondant à une journée pour chaque mille couru en compétition. Il faut en effet un certain délai pour revenir à 100 % et récupérer de l'effort. Si l'on applique cette logique, votre période de récupération devrait durer 26 jours après un marathon, 14 jours après un demi-marathon, 7 jours après un 10 km et 3 jours après un 5 km.

Certains négligent cette période tampon et reviennent rapidement à leur régime d'entraînement, comme s'ils n'avaient pas fait de compétition. Soyez particulièrement prudent après un 10 km en compétition et, surtout, revenez à l'entraînement au bon rythme.

Si vous ressentez un peu de fatigue dans les jours qui suivent une compétition, n'hésitez pas à réduire l'intensité prévue au programme pour quelques séances. N'hésitez pas non plus à prolonger votre période de récupération s'il fait particulièrement chaud et humide le jour de la compétition. La température ambiante pourrait avoir taxé votre organisme un peu plus que d'habitude.

Tout cela étant dit, on a vu souvent des coureurs établir un record personnel au 10 km une semaine seulement après avoir couru un marathon. Chaque cas est différent et vous vous connaissez beaucoup mieux maintenant qu'à vos débuts. Mais ne sous-estimez pas l'importance de la période de récupération même après un record personnel établi dans ces circonstances.

Ne vous imaginez pas que vous aurez complètement récupéré de votre marathon lorsque vous ne sentirez plus les courbatures. Le travail se poursuit et il faut se laisser suffisamment de temps avant de s'aventurer dans un nouveau programme d'entraînement exigeant. Ne prenez pas à la légère cette recommandation. Tôt ou tard, la fatigue finira par vous rattraper dans les semaines suivantes si votre récupération n'est pas complète. C'est justement au cours des semaines suivant un marathon qu'apparaissent et s'installent des douleurs absentes jusque-là.

Enfin, ne vous laissez pas emporter par l'excitation si vous avez connu une bonne course. Gardez les pieds sur terre et restez fidèle à votre plan de match. C'est justement là l'intention derrière la planification biennale de vos entraînements. Une bonne performance prouve que votre entraînement vous va bien et qu'il rapporte des dividendes. Ne commettez pas l'erreur de changer de programme d'entraînement en cours de route et n'ajoutez pas de petites «touches personnelles» au programme d'entraînement.

Avis aux hommes (qui ont beaucoup plus tendance à improviser et à ne pas respecter les programmes d'entraînement que les femmes) : on ne vous souhaite rien de mal, mais lorsque vous modifiez la fréquence, le volume et l'intensité qui sont fixés dans le programme d'entraînement, vous le faites à vos risques et périls. C'est le surentraînement qui vous guette et il pourrait avoir des conséquences fort peu agréables.

Si vous êtes du type à vouloir progresser vite et à tout prix, choisissez un entraîneur qui partage cette philosophie. Vous réussirez probablement à progresser rapidement et à plafonner longtemps. La patience et la persévérance, on ne le répétera jamais assez, sont les clés du succès.

LES BLESSURES, C'EST NORMAL, MAIS IL NE FAUT PAS LES NÉGLIGER

C'est «normal» de ressentir de temps à autre des élancements ou de petites douleurs. Il est même normal que certains malaises durent plus longtemps que les autres.

C'est normal parce que la biomécanique de la course à pied est d'une complexité étonnante. Elle met en action toutes les parties du corps. À chaque foulée, notre système nerveux réagit avec la vitesse de l'éclair pour restaurer notre équilibre et coordonner la contraction et la détente de tous nos muscles et tendons, compenser les faiblesses, absorber les chocs et réduire le stress pendant que le cœur, les poumons et tout le système de transport de l'oxygène au muscle sont sollicités de manière extraordinaire.

Courir provoque, entre autres, l'élévation de la température du corps, des microdéchirures dans les muscles et de l'inflammation. C'est après la course que se produit le véritable miracle : notre corps entreprend alors la grande corvée du retour au calme, de la récupération et de la réparation en vue d'un prochain assaut. C'est ainsi que s'améliore notre condition physique, que nous arrivons à courir mieux, de manière plus économique et plus efficace et avec une énergie renouvelée du fait de nos entraînements.

Le truc, c'est donc de laisser le temps à l'organisme de s'adapter et de se reconstruire entre les efforts. Le truc, c'est aussi de ne pas sursolliciter ce pouvoir de régénération en soumettant l'organisme à un stress trop important. Il faut doser l'intensité et le volume de nos efforts pendant l'entraînement et se ménager des temps de récupération et de repos pour que le miracle se produise.

Il est donc normal de ressentir de petites douleurs de temps à autre et de devoir ralentir. Elles signalent que l'on est près d'atteindre ses limites et qu'il faut s'accorder un répit avant de revenir en force.

Durant la première vague, le mot d'ordre était *no pain, no gain* (pas de progrès sans douleur). Faire un bon entraînement, un entraînement payant, signifiait pousser la machine jusqu'à ses limites. On voit bien aujourd'hui que c'était un mirage et une absurdité. Des milliers de coureurs en sont venus à perdre leur intérêt pour la course non seulement parce qu'ils s'épuisaient à l'entraînement, mais aussi parce qu'ils souffraient de blessures sérieuses et persistantes qui les ont tout simplement forcés à abandonner. On pourrait donc être sarcastique et reprendre la formule de ce journaliste du magazine *Running Times* pour dire que la plupart du temps, «on se blesse à cause de son ego» quand on se met à improviser et qu'on obéit à la petite voix qui réclame qu'on en fasse «plus» et qu'on aille «plus vite».

Voilà pourquoi nous insistons tant sur l'importance du repos et de la récupération, sur l'adoption d'un point de vue fondé sur le recul et la patience en suggérant de systématiquement et patiemment monter une à une les marches de l'entraînement, en tenant compte de ses moyens et surtout en courant au bon rythme. D'autant que notre vie n'est pas entièrement consacrée à la course! Bon nombre d'entre nous n'ont pas assez d'une journée de 24 heures pour remplir toutes leurs obligations familiales, professionnelles, sociales, communautaires... Nous étudions, nous conduisons nos autos, nous passons de longues heures au travail, l'économie n'est pas toujours reluisante, bref nous avons bien des soucis, et ce n'est pas tous les jours fête, comme dirait mon papa.

Il y aura des jours où le corps aura déjà donné, avant même le début de l'entraînement. Ces jours-là, modérez vos transports. Courez au bon rythme, demain est un autre jour. Évitez d'accumuler un stress trop important. L'on ne devrait retourner à l'entraînement que lorsque l'on est parfaitement «rétabli» de l'entraînement précédent et qu'on ne traîne pas trop de résidus dans les jambes.

Vu comme cela, on serait tenté de dire qu'il n'est pas normal de se blesser, même si au club Les Vainqueurs, il y a bon an mal an environ 20% des coureurs qui chaque année souffriront à un moment ou à un autre d'une blessure plus ou moins sérieuse. On ne parle pas ici d'une blessure grave ou chronique, mais d'une blessure suffisamment importante pour qu'ils se trouvent dans l'obligation de prendre plus de repos, de diminuer le volume et surtout l'intensité de leurs entraînements.

Certaines blessures ne nécessitent que quelques semaines pour guérir, d'autres peuvent prendre des mois. Ce qui n'est pas normal, c'est de se blesser au point de devoir renoncer à courir pour toujours. À moins que notre santé ne soit affectée de manière permanente par une maladie sérieuse et la plupart du temps antérieure à la pratique du sport, il est possible aujourd'hui de stopper l'évolution d'une blessure causée par la course bien avant qu'elle ait atteint un stade chronique.

Personne ne devrait se rendre jusque-là. Personne ne devrait «courir» pour guérir une blessure de course («courir à travers», disent les anglophones). Il y a bien quelques exceptions à cette règle, mais assurez-vous d'obtenir les conseils d'un spécialiste en médecine sportive avant de la transgresser. Personne ne devrait courir dans la souffrance. Non seulement c'est désagréable, mais c'est néfaste pour la santé et pour votre avenir en tant que coureur.

N'hésitez donc jamais à prendre du recul, à modérer vos activités, à consulter entraîneurs et spécialistes de la santé quand les choses semblent vouloir se maintenir et se compliquer. N'attendez pas. Perdre quelques semaines d'entraînement vaut mieux que de perdre le bonheur et la joie de courir. Il vaut mieux s'arrêter pour prendre du repos et soigner une blessure que d'être arrêté net et complètement par une blessure devenue trop sérieuse. À ce stade-là, il est trop tard.

Il fut un temps où les coureurs craignaient de rencontrer leur médecin. La plupart des médecins n'étaient malheureusement pas aussi bien sensibilisés aux bienfaits de la course à pied. Plusieurs endossaient la théorie selon laquelle courir conduit inéluctablement à la destruction des genoux d'un individu et nuit à la santé. Ils n'avaient qu'une seule prescription : arrêtez de courir, changez de sport.

C'est de moins en moins le cas aujourd'hui, mais il vaut la peine de sonder le terrain et de connaître l'opinion de son médecin avant de lui soumettre son problème. Les spécialistes de la médecine sportive sont aujourd'hui plus accessibles au commun des coureurs. Les physiothérapeutes, chiropraticiens, ostéopathes, myothérapeutes et de nombreux médecins abordent les blessures et les malaises du coureur avec l'objectif de les guérir et de faciliter le retour à l'entraînement tout en prodiguant des conseils de prévention contre la rechute. C'est toute une différence !

Bien des moyens existent aujourd'hui pour activer la guérison et poursuivre un certain niveau d'entraînement pendant les soins, que l'on pense simplement à l'aquajogging, à la natation ou au vélo stationnaire. La situation n'est plus aussi noire et sans appel qu'auparavant.

LA PHYSIOLOGIE ET LA BIOMÉCANIQUE DE LA COURSE À PIED

La physiologique de la biomécanique de la course à pied est d'une fascinante complexité. On n'a qu'à penser au fait, souvent négligé, qu'aucun coureur n'est la copie conforme d'un autre. Il importe dès lors de se garder des conclusions trop rapides sur les causes des blessures chez les coureurs. On aurait tort, par exemple, de toujours chercher la cause de l'apparition d'une blessure ou d'un malaise chez un coureur dans la (mauvaise) qualité ou la (trop grande) quantité de son entraînement. Il y a littéralement des milliers de facteurs qui entrent en jeu.

Un exemple parmi mille : à peu près personne n'a les deux jambes exactement de la même longueur. Faites le test ! Vous serez surpris. Pourtant, vous n'avez peut-être jamais souffert de cette réalité physiologique.

C'est que sans qu'on s'en rende compte, notre système nerveux s'applique à compenser et nous fait bouger d'une certaine manière durant la course. Observez les coureurs autour de vous. Observez les mouvements de leurs bras, la position de leurs épaules, la longueur de leur foulée (du pied gauche, puis du pied droit), l'angle de leur tête, la position de leur bassin, le tracé de leurs genoux et l'angle de chaque pied par rapport à la ligne droite quand ils sont en mouvement depuis plusieurs minutes, et vous constaterez que très peu de coureurs se conforment à l'image idéale de la foulée fluide, gracile, efficace, économique et idéale que nous aimerions avoir.

Dans la plupart des cas, ces insuffisances biomécaniques et les compensations qui y sont apportées n'affecteront pas les coureurs au point de les empêcher de courir. Elles finiront peut-être par causer, avec le temps et l'usure, de petits bobos et des inconforts. Pour certains, il peut même arriver un moment où la sélection de chaussures adéquates ou le port d'une orthèse fait la différence. Mais cela est exceptionnel. C'est pourquoi nous sommes d'avis qu'il ne faut pas prêter une importance démesurée à l'auto-observation de son style de course. Nous ne croyons pas que les coureurs doivent chercher absolument à se comparer aux schémas de la foulée idéale, tout droit sortis des images de synthèse des laboratoires après l'observation de la foulée de certains coureurs de l'élite sur un tapis roulant.

Le corps humain aura toujours une longueur d'avance sur les simulations les plus sophistiquées de la science dans ce domaine. Si l'on ne perd rien à vouloir améliorer sa posture et corriger ses pires défauts en course à pied, il ne faut pas en attendre des miracles. Ce que l'on pourra effectivement corriger aura pratiquement toujours des conséquences assez minimes. Et on aurait tort de croire que la biomécanique de la course à pied est une réalisation consciente de techniques que l'on peut moduler à volonté. Quand les athlètes olympiques engagés dans les courses de sprint passent des heures à perfectionner leur technique, c'est pour gagner des centièmes de secondes dans une course de moins de 2 min, et parfois de moins de 10 s. Les coureurs sur route n'en sont pas là.

Peu d'entre nous peuvent se vanter d'avoir une foulée conforme aux modèles suggérés dans les livres. Vous connaissez la vôtre, au moins pour l'avoir observée subrepticement en passant devant la vitrine d'un grand magasin... Nous n'avons pas besoin de «réapprendre à courir» comme Tiger Wood a un jour «réappris» à exécuter son élan au golf. Tout au plus reprendrons-nous le conseil de Richard Chevalier dans *Corriger ses défauts au jogging*, soit celui de faire attention à la qualité de sa posture et à la fluidité de sa foulée pendant une dizaine de minutes par jour d'entraînement, sans plus.

LA SOUPLESSE ET LA MUSCULATION

Il n'entre pas dans notre propos de présenter les dernières trouvailles scientifiques en la matière. La littérature sur la course à pied étant mise à jour aujourd'hui au Québec, les lecteurs qui le désirent pourront consulter de très bons ouvrages consacrés au sujet. Toutefois, nous ne pouvons passer à côté de cette question qu'on nous a posée plusieurs fois : «Est-ce que la musculation et les exercices de souplesse sont essentiels au développement à long terme d'un coureur confirmé?»

La réponse, comme toujours dans à ce genre de questions, est «noui». Un travail régulier de musculation contribuera certainement à vos progrès en course à pied. Par exemple, de meilleurs abdominaux amélioreront beaucoup votre posture en course, ce qui se traduira par une plus grande économie et une plus grande efficacité de votre foulée.

Cela dit, pour le commun des mortels, il n'est pas indispensable de se lancer dans un programme tous azimuts de musculation et de souplesse. Préparation physique générale ne signifie pas nécessairement travail en gymnase. On peut très bien acquérir une routine de musculation qui ne requiert aucun outil ou déplacement particulier. Il existe de nombreux programmes qui mettent à profit la gravité pour imposer une résistance à la contraction, à la flexion et à l'extension des muscles et de là, aider à leur développement. Il suffit d'intégrer à la fin de ses entraînements de course à pied 10 min de musculation suivies de 10 min d'exercices de souplesse, deux fois par semaine pour bénéficier d'une bonne préparation physique générale à ses entraînements.

Certes, les athlètes de pointe en athlétisme profitent de la basse saison pour consacrer davantage d'efforts à leur préparation physique générale et pour se renforcer musculairement. Durant ces quelques mois, il y a moins de compétitions au calendrier, le volume de l'entraînement est à la hausse alors que son intensité est réduite. Rien ne vous empêche de penser de cette manière aussi, surtout si les longs mois d'hiver vous causent des soucis et ralentissent votre entraînement.

4:00,00

**LES ENFANTS
DANS LA COURSE**

**COURIR POUR
LA CAUSE DE
L'ATHLÉTISME**

LES ENFANTS DANS LA COURSE

Aujourd'hui, on compte des adeptes de la course à pied dans tous les groupes d'âge. On n'a qu'à se présenter à n'importe quelle compétition pour s'en convaincre. Ces grands et ces petits rassemblements sont devenus de réelles fêtes familiales où toutes les générations se côtoient et partagent le plaisir de courir.

Treize pour cent des coureurs qui finissent les épreuves chronométrées organisées un peu partout au Québec ont moins de 16 ans. C'est beaucoup, et c'est une excellente nouvelle. Mais on ne peut parler de pratique sportive chez les enfants sans parler du rôle et de la responsabilité des adultes qui les accompagnent. Les parents se posent beaucoup de questions à ce sujet. Pour tenter d'y répondre, nous vous proposons dans ce chapitre d'adapter la philosophie de *Courir au bon rythme* à la pratique de la course à pied chez les enfants.

LA PARTICIPATION AUX ÉVÉNEMENTS DE COURSE À PIED

Les enfants veulent nous imiter lorsqu'ils voient que nous avons du plaisir à courir. Ils veulent participer eux aussi à des événements festifs comme les compétitions, enfiler leurs chaussures de sport, revêtir leur costume d'athlète et... aller jouer! Leurs objectifs ne sont jamais cartésiens comme les nôtres. Pour eux, courir, c'est «le fun»; participer à une course, c'est exaltant. Ils en parlent d'ailleurs comme les adultes non initiés, pour qui toute course est un «marathon», une grande aventure, un grand défi.

Participer à une course de 1 km ne nécessite aucun entraînement particulier pour un enfant. La plupart des enfants courent déjà assez dans leurs jeux pour terminer la course sans trop de difficultés, quitte à s'arrêter ici et là pour reprendre leur souffle et récupérer en cours de route.

À moins que la sédentarité n'ait déjà affecté ses capacités normales de courir, il n'y a pas lieu d'engager l'enfant dans un programme d'entraînement en vue de le faire participer à un événement de course à pied qui a toutes les caractéristiques d'une sortie et d'une fête familiale. Il faut d'ailleurs éviter à tout prix d'entretenir les enfants dans le doute quant à la difficulté de l'épreuve ou à leur capacité à la terminer. Il ne saurait être question, par exemple, de se soucier de leur temps, de leur rang, de ce dont ils «auront l'air» ou de techniques particulières à observer pour «réussir». Bornez-vous à vous réjouir de leur décision de participer à l'événement, et promettez-leur qu'ils auront beaucoup de plaisir. Dites-leur que vous allez les encourager tout au long de la course et les applaudir au fil d'arrivée. Encore mieux, si les circonstances le permettent, accompagnez-les durant la course.

Célébrez avec les enfants après la course. Échangez avec eux à propos de ce qu'ils ont vécu, soulignez la qualité de leurs efforts et le mérite de leur succès. Profitez du goûter d'après-course avec eux et invitez-les à participer aux animations qui sont organisées dans la plupart des événements qui accueillent des enfants. Faites de la participation à une course un événement festif.

SUR QUELLE DISTANCE MAXIMUM UN ENFANT DEVRAIT-IL COURIR EN COMPÉTITION ?

En règle générale, devrions-nous fixer une limite à la distance que les jeunes devraient franchir en compétition ? La réponse est oui, et elle est quasi unanime chez tous les entraîneurs et spécialistes de la question. Voici une règle simple que nous vous suggérons à ce sujet, une règle tout à fait *Courir au bon rythme*.

En compétition, les jeunes doivent se limiter aux distances suivantes :

- pour les enfants du primaire et de 1re secondaire : 1 km ;
- pour les enfants de 2e secondaire : 2 km ;
- pour les enfants de 3e secondaire : 3 km ;
- pour les enfants de 4e secondaire : 4 km ;
- pour les enfants de 5e secondaire : 5 km.

Cette règle simple peut vous sembler radicale, mais elle découle du principe directeur qu'il faut appliquer avec les enfants qui font de la course à pied : favoriser la croissance des enfants et le développement progressif de leurs capacités sportives sans sauter d'étapes.

De la même manière que le R1 est « très lent » aux yeux de certains parce qu'ils ont la mauvaise habitude de courir trop rapidement à l'entraînement, ces distances peuvent sembler trop courtes aux yeux des parents et de certains enfants eux-mêmes parce qu'ils peuvent « faire plus ». Pourtant, la modération est la clé du succès dans le développement des athlètes et surtout des enfants. Ce n'est pas parce qu'on est capable de courir plus vite ou d'aller plus loin que c'est nécessairement la chose à faire !

L'ENNEMI PRINCIPAL DES ENFANTS DANS LA COURSE : L'ENNUI

Les enfants courent tout le temps ! Cette phrase ne constitue pas une plainte, mais une célébration. Courir est naturel pour tout le monde ; chez les enfants, c'est... comment dire, encore plus naturel. Ils courent tout le temps, et nous savons tous d'expérience qu'ils sont parfois inépuisables.

Pratiquer la course à pied en famille permet de canaliser une partie de cette énergie et de la mettre au profit d'un développement encore plus harmonieux des enfants et des relations familiales. Si les enfants courent tout le temps, c'est qu'ils ont du plaisir à jouer. N'est-ce pas aussi ce qui nous ramène sur les pavés pour courir ? Quand nous courons pour le plaisir et la santé, nous aussi nous jouons, comme eux. Si nous savons tirer parti de cette tendance naturelle des enfants et si nous savons faire alliance pour jouer avec eux, notre contribution positive à leur évolution n'en aura que plus d'impact.

Pour les adultes cependant, la course à pied est un jeu qui est pris au sérieux. Nous pratiquons la course à pied en suivant des programmes d'entraînement détaillés, nous trouvons le moyen de courir malgré nos horaires chargés, nous lisons des livres et des revues, nous discutons et échangeons à la première occasion avec nos partenaires d'entraînement et nos entraîneurs... Tout retient notre attention quand il s'agit de course à pied : la philosophie et les programmes d'entraînement, la technique, l'alimentation, la souplesse, la musculation, les chaussures, les blessures... En fait, notre vacarme est assourdissant avant, pendant et entre les entraînements et les compétitions. Nous accumulons les questions et les analyses.

En est-il de même pour les enfants ? Se poser la question, c'est y répondre. Les enfants veulent jouer, et nous devons faire en sorte qu'ils puissent le faire quand ils sont inspirés par notre exemple et qu'ils veulent courir. C'est notre exemple qui les inspire, pas nos discussions ni les savantes connaissances que nous avons sur le sujet.

Nous devons donc respecter l'approche ludique des enfants et ne pas chercher à les «initier», à les amener à épouser notre façon de voir la course à pied. Ce serait une erreur terrible que de vouloir les enfermer dans nos façons de faire, car le plus grand ennemi des enfants dans la course, c'est l'ennui ! Avant 12 ans, et même un peu plus tard, les enfants n'ont pas la pensée abstraite facile. Les objectifs à moyen et long terme leur semblent si lointains qu'ils en deviennent insignifiants. Ils recherchent la satisfaction et le plaisir immédiats dans les activités qu'ils pratiquent. On devrait y penser à deux fois avant de les encourager à s'entraîner comme nous le faisons, selon un programme structuré qui se résume à courir, courir et courir encore, même si c'est au bon rythme. Mieux vaut entretenir l'esprit du jeu et de la fête pour garder l'intérêt que manifestent les enfants à l'égard de la course. L'enfant aime jouer ; il aime bouger et essayer de nouvelles choses, faire de nouveaux gestes et des acrobaties nouvelles. Il aime découvrir et tester ses capacités. C'est ainsi qu'il se développe à mesure qu'il pratique des activités physiques. On ne doit donc pas l'entraîner comme un adulte.

SUR LE PLAN PHYSIOLOGIQUE, LES ENFANTS NE SONT PAS DES « PETITS ADULTES »

Les enfants sont en plein développement. Il faut penser qu'ils sont des enfants d'abord et des athlètes ensuite. Cela a plusieurs implications.

Les enfants et les adolescents sont en pleine croissance et celle-ci peut être rapide. Cela signifie non seulement que leurs os, leurs ligaments, leurs muscles et leurs articulations n'ont pas atteint leur pleine maturité, mais aussi qu'ils sont éminemment plus fragiles que les nôtres. Or, comme chacun le sait, courir est un sport exigeant pour les tissus. Il faut donc garder cette réalité à l'esprit et prendre toutes les précautions pour ne pas surtaxer leur organisme déjà très sollicité. Il faut, entre autres, leur accorder plus de repos entre les entraînements que nous ne nous en accordons comme adultes et privilégier les activités de courte durée.

Le métabolisme des enfants est très actif (pour ne pas dire qu'il surchauffe souvent) en raison de leur croissance et de leurs activités physiques quotidiennes. Il faut les ravitailler souvent et en petites quantités et en même temps veiller à ce que leur alimentation soit équilibrée.

Les enfants supportent moins bien que nous la chaleur et le froid. La transpiration, l'arme numéro un pour contrer l'élévation de la température corporelle, est moindre chez les enfants que chez les adultes. Il faut donc limiter la durée et l'intensité des exercices lorsqu'il fait chaud. Les enfants doivent être plus protégés contre le gel et les refroidissements que les adultes.

La masse musculaire des enfants, si on la compare au poids de leur corps, est considérablement moindre que celle des adultes ; elle est en pleine croissance, elle aussi. Cela signifie qu'il est inutile de les entraîner à la musculation avant l'époque de la puberté.

Le système aérobie des enfants est très performant. Les enfants récupèrent donc plus vite que les adultes entre les efforts et disposent d'une très forte capacité à « s'y remettre » et donc à enchaîner les exercices les uns après les autres. Il en va tout autrement de leur capacité anaérobie, surtout avant la puberté. Il faut se garder de « profiter » de cette capacité aérobie élevée pour leur suggérer des entraînements calqués sur les nôtres, sous prétexte qu'ils « peuvent » le faire. Surtout, ne pas les amener à faire des exercices d'entraînement sollicitant le métabolisme anaérobie, car c'est inutile avant la puberté.

QUELQUES TRUCS POUR LES PARENTS AYANT DES ENFANTS QUI VEULENT COURIR

Accompagnez vos enfants, et non le contraire! Prenez rendez-vous avec eux à la fin de votre entraînement et accompagnez-les lors de leurs exercices. En vous fiant aux indications suivantes, en ayant égard à l'âge de vos enfants, construisez des séances d'entraînement variées prenant la forme de parcours où la course est ponctuée d'obstacles et de jeux. Il s'agit en quelque sorte de «jouer à l'athlétisme».

Voici quelques idées: **sauter**: sauter loin, sauter haut, sauter de nombreuses fois (comme trois fois et à cloche-pied), sauter à la corde, sauter en grenouille, sauter en croix; **lancer**: lancer le mini-javelot comme un superhéros, lancer la balle ou le ballon, lancer vers une cible, lancer à genoux, lancer en arrière, lancer en rotation; **courir**: courir à relais, courir et sauter des barrières, franchir des obstacles, courir vite, courir lentement, courir jusqu'au sommet d'une pente, jusqu'au prochain arbre ou jusqu'au prochain lampadaire, courir en chantant, courir en slalom; **marcher**: marcher rapidement, marcher comme un soldat, marcher comme un canard; **faire des circuits** d'entraînement comprenant des exercices dynamiques ou pliométriques.

Bref, pratiquez des activités variées avec vos enfants et ne les forcez pas à courir pendant de trop longues minutes «comme vous». Variez aussi les endroits: dans la rue, dans votre cour arrière, au parc, et pourquoi pas, de temps à autre sur une piste d'entraînement où vous pourrez utiliser (modérément) la piste tout autant que la pelouse et la fosse pour les sauts en longueur.

Aux enfants un peu plus vieux, on peut suggérer de nous suivre en vélo lorsque nous nous entraînons. On peut aussi fixer un endroit ou un moment où l'on se rejoindra pour terminer ensemble l'entraînement. Veillez bien dans ce cas à ne pas leur imposer votre rythme ni de trop grandes distances.

L'ENTRAÎNEMENT DES ENFANTS

JUSQU'À 8 OU 9 ANS

Les enfants devraient s'amuser par le sport, avoir tous les jours de courtes périodes d'activité intense plutôt qu'une seule longue séance d'entraînement. Les encourager à participer à un vaste éventail d'activités physiques, à pratiquer plusieurs sports, à courir, à lancer, à sauter et à suivre les conseils d'un entraîneur expert dans l'organisation d'activités physiques.

DE 9 À 12 ANS

Les enfants devraient progressivement apprendre à s'entraîner et à développer leurs habiletés sportives générales, pratiquer au moins trois sports ainsi que des jeux non structurés pour accroître leur force, leur endurance et leur vitesse. Insister sur la démonstration de leurs habiletés et sur la qualité de leur participation lors des compétitions plutôt que sur les résultats.

DE 12 À 16 ANS

On peut penser ici à un début de spécialisation (c'est-à-dire se concentrer sur la pratique d'un ou de deux sports) et à une participation accrue à des compétitions, toujours dans le but d'appliquer les principes appris et non de gagner à tout prix. On s'entraîne à s'entraîner et à le faire avec régularité. Retarder la spécialisation jusqu'aux dernières années de ce cycle.

SI VOTRE ENFANT EST UN « MORDU » DE LA COURSE À PIED

Oui, mais encore, me direz-vous... Ces recommandations demeurent très générales. Vous avez bien raison! La catégorisation des enfants selon l'âge pose en effet de nombreux problèmes. Chaque enfant est unique et l'on se doit de reconnaître son âge biologique avant de prescrire quelque programme d'entraînement que ce soit. En effet, l'écart entre l'âge biologique et l'âge chronologique peut être parfois de trois ans : il y a des enfants de 10 ans qui ont un âge biologique de 8 ans, et d'autres qui ont un âge biologique de 12 ans...

Or, comme on l'a signalé plus haut, le développement et la croissance de l'enfant suivent des étapes bien précises. Chacune de ces étapes a des répercussions importantes sur l'organisme en fonction non seulement de l'âge, mais aussi du sexe de l'enfant. Il faut donc tenir compte de cette réalité dans la programmation des séances d'entraînement des enfants.

Si votre enfant est un mordu de la course à pied et si vous désirez qu'il participe à des entraînements plus structurés, nous vous conseillons fortement de vous diriger vers le club d'athlétisme le plus près de chez vous. L'avantage de ce genre de club est la présence d'entraîneurs qualifiés et expérimentés, dont la plupart ont suivi des programmes de certification. Par leur expérience et leur formation, ils sont en mesure d'aller au-delà des recommandations générales que l'on peut trouver dans les livres et de personnaliser adéquatement l'entraînement des enfants en fonction de leur âge biologique, tant sur le plan physiologique que psychologique.

L'entraînement qui sera offert à deux enfants de 10 ans ne sera donc pas nécessairement le même. Un entraîneur qualifié est en mesure d'adapter l'entraînement en fonction de l'âge biologique de chaque enfant et de son développement psychologique — une dimension où les différences entre les athlètes du même âge peuvent s'avérer encore plus grandes que sur le plan physiologique. Il n'est pas rare que deux enfants du même âge aient un niveau de maturité très différent, et cela n'est pas sans influer sur la programmation de l'entraînement.

ET SI VOTRE ENFANT A DU TALENT ?

Nous vous encourageons alors avec encore plus d'insistance à l'inscrire à un club d'athlétisme et à ne pas vous improviser entraîneur. Mais attention, la soif de victoires et de célébrité propre au sport professionnel est probablement la plus grande cause des problèmes qui surviennent chez les enfants pratiquant un sport.

L'excellent guide intitulé *Informations pour les parents sur le développement à long terme de l'athlète*, publié par l'Association canadienne des entraîneurs résume le tout : « [Dans] la majorité des sports, la spécialisation hâtive et l'entraînement intensif à un jeune âge n'aident pas les enfants à se développer de la façon la plus harmonieuse possible. En réalité, les études montrent qu'une spécialisation trop hâtive empêche les enfants de réaliser leur plein potentiel de développement[2]. » Un peu plus loin, le même guide explique de la façon suivant le déclin de la participation des enfants aux sports récréatifs et plus généralement aux activités physiques : « [Les] enfants ne s'amusent pas, ils/elles adoptent de mauvaises habitudes, car une importance exagérée est accordée à la victoire, leurs habiletés sont mal développées [...], beaucoup s'épuisent prématurément et abandonnent le sport[3]. »

Nous tenons à peu près tous pour acquises certaines idées voulant que, dans tous les sports, les grands champions commencent tôt leur carrière et leur entraînement, ayant démontré des dispositions extraordinaires dès leur plus jeune âge. Ceux qui ont suivi les Jeux olympiques de Montréal en 1976 se rappelleront toute leur vie les exploits de Nadia Comaneci, la «fée des Jeux» , âgée seulement de 14 ans. On a vu des phénomènes semblables en natation, au hockey ou au soccer, mais pas dans tous les sports. En tout cas, pas dans toutes les disciplines de l'athlétisme.

En fait, comme vous avez pu le lire plus haut, les entraîneurs, les organismes, les fédérations nationales et internationales sont unanimes : il ne faut pas chercher à spécialiser les enfants de moins de 12 ans dans l'une ou l'autre des disciplines de l'athlétisme. D'ailleurs, paradoxalement, la plupart des grands champions du demi-fond et du fond n'étaient pas des athlètes remarquables durant leur jeunesse, et bien peu ont commencé un entraînement spécialisé en bas âge. Il y a certes quelques exceptions, mais les Bill Rogers, Frank Shorter et Sebastian Coe n'étaient pas des enfants champions. Plus près de nous, Jacqueline Gareau ou Karine Belleau-Béliveau ne l'étaient pas non plus. Bref, ce n'est pas parce qu'on est un champion à 10 ans qu'on le sera à 20, et ce n'est pas parce qu'on ne l'est pas à 10 qu'on ne le sera pas à 20...

2   Association canadienne des entraîneurs, *Informations sur le développement à long terme de l'athlète pour les parents*, p. 1, [en ligne], www.coach.ca/files/CAC_LTADFORPARENTS_JAN2012_FR.pdf (page consultée le 29 juillet 2013).

3   *Ibid.*, p. 2.

NE PAS S'EMBALLER

L'esprit de compétition s'enflamme parfois chez les jeunes qui terminent leur enfance et passent à l'adolescence alors que de nouvelles capacités physiques se révèlent chez eux. Dans la catégorie des minimes (10-11 ans), il n'est pas rare de voir des talents éclore soudainement. La tentation est alors grande de se laisser emporter et de pousser le régime d'entraînement de façon à remporter immédiatement des victoires.

En forçant le talent des enfants de cet âge, des parents ou des entraîneurs mal-avisés peuvent considérablement nuire au développement de l'enfant sans pour autant contribuer au développement de l'athlétisme. On oublie que l'enfant commence son développement, qu'il n'est pas à son sommet. Ajoutez à cette tendance le fait que les jeunes sont souvent prêts à «tout donner» à cet âge et l'on obtient la recette parfaite pour la défection à court terme. La conséquence, c'est que nombre de ces athlètes prometteurs s'en retournent chez eux avec leur petit bonheur et beaucoup de dépit, fatigués de l'athlétisme.

BIEN APPUYER LA PROGRESSION DE SON ENFANT

Nos interventions auprès des enfants qui participent aux compétitions d'athlétisme (ou de tout autre sport) ont de lourdes conséquences. La meilleure façon d'appuyer leur développement et leur progrès est d'insister, dans toutes nos interventions, sur le mérite de faire de son mieux. En d'autres mots, la satisfaction personnelle quant à l'effort donné et au résultat personnel devrait toujours prendre le pas sur les records personnels et la victoire.

De cette façon, les parents contribueront à garder la motivation propre de l'athlète, centrée sur les bénéfices qu'il en retire personnellement, tant sur le plan psychologique que physique. En le «retenant» un peu, ils contribueront à maintenir la motivation et non à la faire disparaître. Ils relativiseront les hauts et les bas qui se produisent inéluctablement au cours de sa progression tout en se rappelant qu'il demeure un enfant en plein développement qui embrasse progressivement toutes les facettes de la vie : études, carrière, amours, amitiés, culture et sport.

Il ne faut pas oublier non plus que les enfants ne distinguent pas toujours le niveau réel de leurs habiletés physiques et qu'ils ont besoin du regard des parents pour former le leur quant à leur valeur personnelle en tant qu'individu. Les enfants fondent souvent leur estime d'eux-mêmes sur ce qu'ils pensent que leurs parents pensent d'eux. Déplacer le centre d'intérêt de la pratique sportive vers la victoire et les trophées pourrait entraîner comme conséquence que l'enfant ou l'adolescent en concluent que l'échec dans le sport est un échec de sa personne. Cela pourrait aussi amener des comportements tels que le refus de participer à un événement si les possibilités de victoire sont réduites, par crainte de l'échec.

Les parents et les entraîneurs portent donc une grande responsabilité quant aux enfants qui ont du talent en athlétisme ou qui désirent s'y adonner sérieusement. Il faut beaucoup de sensibilité, de souplesse et de doigté pour concentrer ses efforts sur le développement complet de l'enfant et non sur le développement prématuré et précipité d'un athlète.

On se doit d'être patient et de systématiquement développer les capacités de l'athlète en ayant soin de maintenir son intérêt et de l'aider à progresser de façon régulière. L'important, c'est de garder intact son désir de pratiquer le sport, de «le faire triper» pour reprendre l'expression à la mode, de manière à lui donner le goût de s'entraîner. C'est le premier et le plus important objectif de toute cette démarche.

« JOUER À L'ATHLÉTISME » COMME ON JOUE AU SOCCER OU AU HOCKEY

En un mot comme en mille, nous croyons que, pour réellement permettre aux enfants de «jouer à l'athlétisme» de manière sécuritaire et favorable à leur développement, il faut penser «sport organisé» et les inscrire dans un club d'athlétisme, exactement de la même manière qu'on les inscrit dans les organisations de soccer ou de hockey quand ils s'y intéressent.

Vous objecterez qu'il s'agit là de sports d'équipe qu'on ne peut pratiquer sans être membre d'un club? D'accord. Mais qu'en est-il de la gymnastique ou du patinage artistique? Ne suffirait-il pas d'un matelas ou d'une patinoire pour les pratiquer sans passer par un club? Absurde, n'est-ce pas? Et personne ne dirait sérieusement qu'il suffit de lire un livre pour enseigner à ses enfants comment pratiquer ces sports!

Nous sommes d'avis qu'il est temps de considérer l'athlétisme comme un sport majeur et organisé au même titre que tous les autres. La présence d'entraîneurs qualifiés auprès des enfants donne l'assurance que ce sport sera pratiqué de manière à favoriser le développement des enfants. Tout comme dans les autres sports, les clubs d'athlétisme ne sont pas réservés uniquement aux athlètes d'élite et ils accueillent de plus en plus des jeunes de tous les niveaux.

L'adhésion à un club d'athlétisme apporte autant que l'adhésion à un autre genre d'organisation sportive sur le plan de la socialisation, du sentiment d'appartenance et de l'identification personnelle des jeunes. Les athlètes de niveau national ou international d'un club d'athlétisme servent de modèles pour ses jeunes membres qui s'identifient à eux. Quand Karine Belleau-Béliveau court avec les athlètes en développement du club Les Vainqueurs et qu'elle porte les mêmes couleurs, le même maillot qu'eux, il y a de la magie dans l'air et les yeux brillent. Soudainement, ce n'est plus aux grandes entreprises sportives internationales qu'on s'associe, mais aux organisations sportives de chez nous, aux talents de chez nous. Des parents nous ont rapporté que certains enfants avaient dormi avec leur camisole des Vainqueurs ou qu'ils la portent régulièrement à l'école.

Quand il est question de la participation des enfants au hockey, au soccer ou aux arts martiaux, on n'hésite jamais à débourser pour l'achat d'équipement, pour l'adhésion à un club et à une fédération, pour le temps de glace et de pratique ou même pour les déplacements vers la compétition et les championnats. Qui plus est, les parents suivent les enfants aux entraînements et aux parties, à des heures et selon un horaire qui ne leur conviennent pas toujours. Pourquoi devrait-il en être autrement en athlétisme? Quelle malédiction nous interdirait de sortir des sentiers battus et de faire de l'athlétisme un sport moderne et organisé, ouvert aux jeunes et dont la pratique est *cool*? Les coûts d'adhésion, de coaching et d'équipement dans un club d'athlétisme sont incomparablement plus bas que ceux associés à la grande majorité des disciplines les plus populaires, ce qui leur donne un avantage concurrentiel non négligeable. Les horaires d'entraînement sont aussi beaucoup moins exigeants. On peut aussi ajouter à cela que les enfants peuvent y acquérir une culture sportive saine, tout à l'opposé des discours des Don Cherry de ce monde. Et on ne comparera pas ici les différents sports du point de vue des risques de subir une commotion cérébrale...

À notre avis, les clubs d'athlétisme et de coureurs sur route devraient unir leurs forces et organiser des entraînements pour permettre à plus de jeunes de jouer à l'athlétisme. Ils pourraient ainsi mettre à la disposition des enfants l'expertise de leurs entraîneurs et permettre à des plus de jeunes de pratiquer l'athlétisme. Comme dans tous les autres sports organisés, on pourrait aussi inviter les parents à mettre la main à la pâte et à participer à l'animation de ces activités pour les enfants, sous la supervision d'entraîneurs qualifiés. Cette initiative, à la portée de tous les clubs et de tous les coureurs, créerait des conditions favorables au développement de la course sur route et de l'athlétisme, pour le plus grand bénéfice de tous. De plus, il y a fort à parier que nombre de coureurs s'inscriraient à leur tour aux programmes de formation pour œuvrer auprès des enfants et des jeunes. Tout cela viendrait s'ajouter à l'élan que donnent déjà les coureurs à la lutte contre la sédentarité chez les jeunes.

Il est facile d'imaginer plusieurs formules pour les activités de ces clubs organisées à l'intention des coureurs sur route et des enfants en athlétisme. Celle que pratique le club Les Vainqueurs avec succès depuis de nombreuses années permet de réunir, le même soir, les coureurs sur route et les enfants pour un entraînement simultané (mais évidemment séparé). Parents et enfants se présentent ensemble, vont vers leurs entraîneurs respectifs, jouent à l'athlétisme selon leur niveau, se retrouvent ensuite avant de revenir à la maison. Avouez que c'est plus intéressant que de simplement s'asseoir dans les gradins pour regarder vos enfants faire du sport!

ET SI ON S'Y METTAIT ?

L'athlétisme pourrait devenir encore plus *cool* et plus populaire chez les enfants à l'heure où des dizaines de milliers d'adultes de partout en province pratiquent la course à pied. Il suffirait que ces derniers soutiennent les clubs d'athlétisme locaux, qu'ils y inscrivent leurs enfants, qu'ils s'y investissent en participant à leur administration ou autrement. Et s'il n'existe pas de club d'athlétisme dans votre coin, pourquoi ne pas mettre collectivement la main à la pâte pour en créer un et réclamer de vos municipalités le soutien et les infrastructures nécessaires ?

COURIR POUR LA CAUSE DE L'ATHLÉTISME

Avec l'essor de la deuxième vague, les événements créés expressément dans le but de faire campagne et de lever des fonds pour des œuvres caritatives sont revenus en force. Certains événements qui existaient déjà se sont aussi associés à de telles œuvres et sollicitent une contribution financière des coureurs et de leurs amis dans le cadre de ces collectes de fonds.

Vous êtes nombreux à trouver une dose supplémentaire de motivation en associant vos exploits sportifs à la promotion et au financement d'une ou plusieurs causes qui vous tiennent à cœur. Ce sont autant d'occasions de remettre à d'autres une partie de ce que la vie nous a si généreusement donné. C'est tout à votre honneur. C'est bien connu, les coureurs sont généreux. Leur participation à des événements de course à pied génère chaque année des dizaines de milliers de dollars pour de nombreuses causes. Il faut reconnaître par ailleurs que bon nombre de gens ont participé à un événement de course pour la première fois dans le but de faire une contribution à une cause. Ainsi notre sport profite de cette générosité tout autant que ces grandes causes.

Apprécier le fait qu'on est en santé et que l'on peut courir alors que des milliers d'autres n'ont pas cette chance, c'est faire montre d'une certaine éthique qui fait honneur à notre sport. Ce que nous constatons cependant, c'est que bien peu des retombées de ces manifestations retournent au développement de notre sport. S'il est bon que les coureurs fassent preuve de générosité et que notre sport serve de levier pour toutes les causes qu'il peut servir, il nous paraît souhaitable qu'on fasse aussi une place au développement de l'athlétisme.

Nous sommes d'avis que toutes les compétitions de course sur route organisées au Québec devraient formellement s'associer aux clubs d'athlétisme locaux et qu'une partie des surplus engendrés serve à leur financement. Nous ne sommes pas en train de suggérer qu'une «ligne de parti» unique et obligatoire soit appliquée à tous les événements de course à pied. Nous disons simplement que le financement des clubs d'athlétisme et la professionnalisation des entraîneurs, assurés par les revenus générés par les coureurs sur route du Québec, favoriseraient non seulement la pratique de l'athlétisme chez les jeunes, mais aussi le développement de nos meilleurs talents.

Regardons les choses en face : si demain la course à pied perdait un peu de sa popularité et ne représentait plus une source de revenus aussi importante pour les organisations caritatives et les commanditaires, on peut être assuré que ces derniers quitteraient la scène pour de bon. Et qui serait en reste, croyez-vous ? Les coureurs, comme durant les années de la grande disette, entre les deux vagues de popularité de la course à pied. Ce n'est pas un jugement de valeur sur les fondations et les grandes causes qu'elles défendent ni sur les commanditaires, c'est un simple fait. Les coureurs représentent un marché intéressant pour ces fondations et les commanditaires. Ils en tirent profit et nous en tirons profit. C'est comme dit le cliché japonais un *win-win*. Il ne manque qu'un joueur dans cette équation entre, d'une part, les commanditaires et les fondations, et de l'autre les coureurs qui participent à ces événements. Le grand absent, c'est notre sport, la course à pied et l'athlétisme.

Déjà, de manière indirecte, les dizaines de milliers de coureurs d'aujourd'hui font la promotion d'importantes causes sociales. Notre activité sportive influe sur la jeune génération et l'amène à pratiquer davantage les sports. Nous contribuons à combattre la sédentarité chez les jeunes. Le phénomène est aussi observable chez les adultes, puisque le nombre de coureurs ne cesse d'augmenter et l'effet d'entraînement produit par l'exemple n'est certainement pas étranger à cette croissance. Ne serait-il pas tout aussi légitime qu'une partie des profits engendrés par les grandes manifestations sportives en course à pied retourne au mouvement même, qu'elle serve à le consolider et le soutenir ? Nous le croyons.

Pour conclure sur le sujet, nous aimerions aussi souligner qu'il n'y a rien de mal à organiser un événement de course à pied avec le simple objectif d'en faire un événement sportif. Qu'il n'y a rien de mal à s'inscrire à une course... pour courir. Il y a encore des milliers de coureurs qui courent pour le plaisir et qui ne participent qu'à peu de compétitions. C'est aussi cela, la deuxième vague de popularité de la course à pied. Tout le monde profite de la grande liberté que procure ce sport qui se pratique facilement, quand on le veut et comme on le veut. La vie sportive de nos familles ne consiste pas uniquement dans la participation aux grands événements, et c'est très bien ainsi. Faire autrement transporterait la course du domaine sportif vers celui du marketing social, du domaine personnel au seul domaine social. Nous ne souhaitons pas cela. Nous souhaitons que ce chapitre inspire, en ce qui concerne la pratique de la course à pied, une ligne de conduite avant tout favorable au développement de l'enfant, ainsi que le maintien et la croissance des structures qui le favorisent. Nous espérons qu'ainsi les enfants pourront tirer autant de joies et de bénéfices de la pratique de notre sport que les coureurs adultes, en le pratiquant... à leur rythme à eux : au bon rythme !

5:00,00

À L'ÉCOLE DES PHILOSOPHIES
D'ENTRAÎNEMENT

À L'ÉCOLE DES PHILOSOPHIES D'ENTRAÎNEMENT

Dans ce chapitre, nous vous amenons à l'école des philosophies d'entraînement afin de jeter un éclairage supplémentaire sur les principes de *Courir au bon rythme*. Les centaines d'échanges que nous avons eus avec les coureurs depuis deux ans témoignent du fait qu'un sport aussi «simple» que la course à pied peut parfois devenir assez compliqué.

D'une part, on dirait que chaque fois qu'on acquiert une certaine conviction au sujet de son programme d'entraînement, il se trouve quelqu'un quelque part pour vous conseiller d'agir autrement ou vous informer de la dernière tendance miracle en matière d'entraînement ou de technologie. D'autre part, il y a votre petite voix intérieure qui s'emploie à semer le doute sur la validité de votre programme d'entraînement, le volume de vos entraînements, votre alimentation, vos chaussures de course... sur tout ce que vous faites, quoi!

Puis, il y a le marketing qui flaire la bonne affaire et désire votre bien (et le sien!) en vous assurant que la dernière technologie fait des miracles. Et il ne manque plus que l'on brandisse la dernière «étude» (qui contredit bien sûr la précédente) pour que tout coureur normalement constitué se retrouve en proie aux doutes.

Bien que cela soit un peu perturbant, il faut bien reconnaître que peu d'entre nous restent insensibles à toutes ces palabres. En fait, on y participe souvent volontiers. On le voit bien sur les réseaux sociaux, où les coureurs partagent leur enthousiasme et leurs bons coups, soulèvent des questions et échangent des conseils sur les différents programmes et les différentes approches de l'entraînement qui leur sont proposés.

COURIR AU BON RYTHME APPORTE PLUSIEURS ANTIDOTES À CE GRAND TAPAGE

LE PLAISIR AVANT TOUT

La performance, c'est bien beau, mais quand l'entraînement commence à vous rebuter après votre journée de travail, quand le programme qui devait vous amener au ciel commence plutôt à ressembler à un chemin de croix, il est temps de revenir aux bases. On court pour mieux vivre. On ne vit pas pour mieux courir! Le plaisir d'abord, la performance ensuite. Un entraînement modéré et même allégé vaut mieux que de ne pas se sentir «à la hauteur» de son programme d'entraînement. Ne perdez jamais de vue cette affirmation et vous profiterez longtemps des bienfaits de la course à pied, vous vous épargnerez des blessures et prendrez toujours les bonnes décisions... Même, et surtout, si vous vous trouvez à cette étape de vos progrès en course à pied où la performance et la compétition occupent une place prépondérante.

UNE APPROCHE SIMPLE

Quand cela devient trop compliqué, voire fastidieux, on devrait peut-être tout simplement aller courir au bon rythme. Disons cela autrement. Ce n'est pas parce que c'est simple et relativement facile à comprendre que ce n'est pas bon ou efficace! Vous n'êtes pas des rats de laboratoire ni des machines qu'il faut remettre en marche au moyen d'équations compliquées avant les entraînements. Laissez les savants calculs aux entraîneurs et suivez un programme que vous comprenez sans devoir vous prendre la tête chaque semaine.

UNE APPROCHE À LONG TERME

Peut-être, je dis bien peut-être, tirerez-vous un avantage immédiat en tentant de monter l'escalier deux marches à la fois. Toutefois, vous n'en connaîtrez sans doute le coût réel que plus tard. Sachez que ceux qui continuent de courir sans se blesser ni se surmener, qui avancent progressivement et systématiquement en courant au bon rythme, profitent du sport plus longtemps et, au final, devancent souvent les autres. Au moins sont-ils assurés de terminer devant ceux qui se sont blessés, qui sont épuisés et découragés. Comme le disait un de mes patrons (Michel) à l'usine:

«Le moins habile de mes employés est plus performant que le plus doué qui est absent. »

Il n'existe pas de recette miracle pour perdre du poids ou pour devenir un athlète olympique en deux ans. À moins d'être Nicolas Macrozonaris, un ancien du club Les Vainqueurs qui a représenté le Canada au 100 m aux Jeux de Sydney en 2000, alors qu'il ne s'entraînait que depuis 1998. Vous vous souvenez de ce qu'on disait dans *Courir au bon rythme*? S'entraîner, c'est comme payer une hypothèque ; on le fait et le temps fait son œuvre.

FAUT-IL UN PLUS GRAND VOLUME D'ENTRAÎNEMENT POUR RÉUSSIR ?

Un certain nombre de coureurs se sont étonnés du volume d'entraînement minimal que proposent les programmes de *Courir au bon rythme*, particulièrement pour l'entraînement au demi-marathon et au marathon. Il s'en trouvera aussi parmi les coureurs confirmés pour dire la même chose au sujet des programmes du tome 2, et ce, bien qu'ils proposent un volume de travail plus élevé. L'inquiétude maintes fois exprimée est qu'à «si peu courir», on finisse par «manquer de jambes» pour faire tout le parcours ou utiliser toutes ses capacités.

Pourtant, des dizaines de milliers de coureurs en ont fait l'expérience et ont atteint leur objectif, parfois à la minute près. Pourquoi ce doute persiste-t-il ?

Nous croyons qu'il vient de l'idée que, pour réussir à parcourir une certaine distance en compétition, il faut l'avoir fait à l'entraînement, surtout dans les cas du demi-marathon et du marathon. À première vue, cela semble tellement logique.

Les racines de cette croyance sont fortes. C'est un héritage de la philosophie de l'entraînement qui a marqué les années 1970 et 1980 au Québec. Une influence américaine. Cette approche allait tellement de soi que l'on répétait alors à tous les échos que, pour «espérer» terminer un marathon, il fallait avoir inscrit huit semaines d'entraînement avec au moins 80 km au compteur (certains parlaient même d'un **minimum** de huit semaines à 100 km).

Pour quelqu'un comme moi (Michel) qui se trouvait à la veille de son premier marathon en 1986, ce n'était pas rassurant. Pourtant, même à cette époque, je n'ai jamais couru plus de 15 km en entraînement avant mon premier demi-marathon, et ma plus longue sortie avant mon premier marathon (en 4 h 06) a été de 2 h 50. Par ailleurs, la seule fois où je me suis tapé un entraînement de 4 h 30, trois semaines avant le marathon, pour «m'assurer que je ferais la distance», j'ai réalisé mon pire chrono : 5 h !

Trêve d'anecdotes. Parlons du marathon. Voici pourquoi, une fois de plus, il n'est pas conseillé de courir 42 km en entraînement, trois semaines avant un marathon.

1. Tout peut se produire à partir du 30ᵉ kilomètre. Pour parvenir au fil d'arrivée ou faire le chrono visé, il vous faudra toutes vos énergies. Toutes.

2. Il faut environ un mois pour se remettre complètement d'un marathon et reprendre l'entraînement... Faites le calcul !

3. À trois ou quatre semaines du marathon, vous arrivez au bout de votre programme d'entraînement — vous n'êtes donc pas dans une forme de compétition ; courir un marathon vous demandera de puiser dans vos réserves d'énergie. Une énergie dont vous aurez besoin le jour J.

4. Au lieu de profiter de la période du *taper* (page 133) pour assimiler les effets de l'entraînement et rassembler vos forces en vue de la compétition, votre organisme aura besoin de se refaire après cet entraînement exigeant et pas du tout opportun. Il est probable qu'au jour J, vous en ressentiez des séquelles et que la fatigue mentale affecte votre performance.

Nous sommes d'avis qu'un entraînement d'une durée de plus de trois heures est généralement contre-productif. C'est pourquoi l'objectif des séances d'entraînement est toujours défini par une durée et non par une distance à parcourir. Comme nous l'avons déjà expliqué, franchir 32 km à 5 min/km et franchir la même distance à 7 min/km ne représentent pas le même entraînement.

C'est la combinaison judicieuse et logique de l'entraînement en endurance fondamentale et du travail en intensité qui vous conditionne et vous prépare adéquatement à la réussite. La réussite ne dépend pas seulement du volume de votre entraînement et encore moins du ratio entre la plus longue distance franchie à l'entraînement et celle à franchir en compétition.

Les coureurs qui ont deux ans d'expérience en entraînement profiteront de l'augmentation du volume d'entraînement proposé dans les programmes de *Courir au bon rythme 2* parce que l'équilibre avec le travail en intensité est maintenu. Elle devrait donc amener à des effets d'entraînement supérieurs.

Même si certains coureurs non confirmés pourraient aussi supporter sans trop de difficulté ces nouveaux volumes de travail, nous leur recommandons malgré tout de ne pas les adopter. Si vous n'avez pas deux années complètes d'entraînement au compteur, il est préférable de vous limiter aux programmes de *Courir au bon rythme* et de prendre le temps de construire les assises préalables aux programmes du tome 2.

Par ailleurs, si vous comptez déjà deux années d'entraînement, il se peut que, ayant pris en compte vos objectifs et votre disponibilité, vous décidiez de ne pas adopter ces nouveaux programmes. Vous pourrez très bien continuer à progresser en suivant les entraînements prescrits dans *Courir au bon rythme*, franchir toutes les distances de compétition et atteindre vos objectifs sans craindre de ne pas en avoir fait assez.

Il convient de rappeler ici aux coureurs de suivre dans son intégralité le programme qu'ils ont adopté. Ainsi, les coureurs pour qui des programmes fondés sur un volume élevé de travail réussissent devraient s'en tenir à toutes les prescriptions de ces programmes, y compris les entraînements sur une distance de 32 km et plus en vue du marathon. Il en va de même pour les coureurs qui adoptent la philosophie de *Courir au bon rythme*. Nul besoin de changer les prescriptions du programme d'entraînement, tant sur le plan du volume de l'entraînement que de la durée des longues sorties pour en tirer tous les bénéfices. Pour tous les coureurs, le danger vient des formules hybrides improvisées.

NE GARDER QUE LES ENTRAÎNEMENTS EN INTENSITÉ ?

La tentation d'adopter des formules hybrides à l'entraînement prend parfois un autre tour. Ainsi, certains flirtent avec l'idée de ne pratiquer que des entraînements « de qualité » en course à pied, c'est-à-dire, de presque toujours courir en R2, R3, R4 ou R5. Ils entendent ainsi profiter de ce qu'ils perçoivent comme l'essentiel de « la magie des intervalles », le travail en intensité, tout en éliminant le superflu. En jumelant cette orientation avec la pratique de l'entraînement croisé (cross training), ils croient pouvoir économiser temps et énergie, diminuer le stress sur leurs articulations et arriver au même résultat. Prenons le temps ici de démêler les tenants et aboutissants de cette proposition, alléchante à première vue.

LE NOMBRE DE SORTIES MINIMUM NÉCESSAIRE POUR S'ENTRAÎNER EN COURSE À PIED

Nous avons constaté, comme la plupart des autres entraîneurs de course à pied, que trois séances par semaine constituaient un minimum pour maintenir la forme chez un coureur confirmé. C'est aussi le nombre minimum d'entraînements que nous avons suggéré aux coureurs qui en sont à leurs débuts. On peut conclure de ce qui précède qu'il n'est pas productif pour un coureur de remplacer une de ses séances de course par la pratique d'un autre sport s'il court trois fois par semaine. À n'en pas douter, l'athlète profiterait de cet d'entraînement sur le plan cardiovasculaire, mais à notre avis, cela nuirait à son entraînement spécifique à la course à pied.

Il y a aussi une quasi-unanimité quant au fait que l'ajout d'une quatrième séance produit le plus important « retour sur l'investissement » chez le coureur, pour employer l'expression consacrée. C'est pourquoi, dans les programmes de *Courir au bon rythme 2*, le nombre de séances recommandées est de quatre par semaine dans la plupart des programmes d'entraînement spécifiques, et ce, quel que soit le niveau des coureurs et sur toutes les distances. Nous recommandons donc aux coureurs confirmés de réaliser les quatre séances d'entraînement hebdomadaires inscrites aux programmes.

LA PLACE DES AUTRES SPORTS
DANS L'ENTRAÎNEMENT DU COUREUR

Pratiquer un autre sport une fois par semaine n'est pas néfaste pour l'entraînement d'un coureur, tant qu'on le pratique avec modération, comme une activité complémentaire, de manière à faire travailler d'autres groupes musculaires importants et à faciliter la récupération des entraînements en course à pied tout en contribuant au développement des capacités aérobies. Pour les coureurs confirmés qui adopteront les programmes de *Courir au bon rythme 2*, cela signifie réserver une cinquième ou une sixième journée de la semaine, en plus des quatre entraînements, pour la pratique d'un sport complémentaire. Nous sommes d'avis que ce régime convient tout particulièrement aux coureurs de plus de 45 ans qui courent depuis plus de 10 ans, étant donné qu'il facilite la récupération : quatre séances d'entraînement à la course à pied et une ou deux journées pour la pratique des sports complémentaires.

Pratiquer de manière compétitive ou performante plusieurs sports en même temps exige un programme d'entraînement approprié. Si vous pratiquez le duathlon par exemple (vélo et course) ou le triathlon (vélo, course et natation), nous vous recommandons de suivre les conseils d'un entraîneur compétent qui établira pour vous un programme dans lequel le dosage d'entraînement de chacun des sports sera réfléchi et cohérent. Un tel programme ne se résume pas à la bête addition de programmes spécifiques d'entraînement conçus à l'origine pour des coureurs, des cyclistes ou des nageurs.

ON NE PEUT SE DISPENSER DE LA COURSE
EN ENDURANCE FONDAMENTALE

On ne peut faire l'économie de la course au rythme de l'endurance fondamentale dans le cadre d'un entraînement en course à pied. Croire que l'on peut arriver au même résultat d'entraînement en ne retenant des grilles d'entraînement de *Courir au bon rythme* que les sessions avec intensité et en remplaçant l'entraînement en endurance fondamentale par la pratique intensive d'un ou deux autres sports complémentaires est une erreur à nos yeux.

Comme nous l'avons déjà dit, courir au bon rythme en endurance fondamentale représente 50 % du succès de votre entraînement. Les séances au R1 dans le programme ne constituent pas des moments de récupération et de repos que l'on peut omettre ou remplacer par d'autres activités sportives, notamment si ces dernières se déroulent à forte intensité. Elles font partie intégrante de l'équation essentielle de *Courir au bon rythme* qui se présente comme un régime d'entraînement composé à 70 % au rythme de l'endurance fondamentale, le R1, et à 30 % en intensité.

Les grilles d'entraînement de certains groupes comprennent quatre, cinq ou même six séances par semaine afin de répartir le volume d'entraînement requis sur toute la semaine, de distribuer les efforts sur plusieurs séances et ainsi de maintenir l'équilibre entre les deux types d'entraînement. En ne retenant que les séances en intensité pour l'entraînement hebdomadaire, on brise le ratio recommandé de courses en endurance fondamentale et de travail en intensité.

Dans un cas comme dans l'autre, on est perdant. Ou bien on ne pratique que les séances en intensité et on se retrouve avec un ratio bien supérieur aux 30 % recommandés (ce qui fera de chaque entraînement un exercice relativement plus exigeant puisqu'il ne s'appuiera pas sur le volume d'entraînement en endurance fondamentale qui lui correspond), ou bien on condense le volume hebdomadaire total qui est suggéré en moins de séances (ce qui aura pour résultat de rendre chaque entraînement plus exigeant).

Ajoutez à ces deux scénarios la pratique d'un autre sport à un niveau censé «remplacer» la course en endurance fondamentale, donc à un certain niveau d'intensité, et l'on se retrouve avec une recette susceptible d'entraîner fatigue et blessures. Loin de représenter une économie de temps et d'énergie, ces choix ne sauraient conduire au développement harmonieux et continu des capacités du coureur.

DES CÔTES, DES CÔTES, DES CÔTES !

Plusieurs lecteurs nous ont demandé pourquoi les grilles de *Courir au bon rythme* ne comportaient pas d'entraînement en côtes. Ces questions ont trouvé leur écho sur les réseaux sociaux. On a pu y lire des opinions suivant lesquelles le travail dans les côtes soit le secret le mieux gardé de l'entraînement des coureurs sur route. Selon les plus convaincus, c'est dans les côtes que les courses se gagnent et se perdent.

Monter des côtes en compétition, surtout durant les premières années de son entraînement, est souvent particulièrement difficile ; les monter brise le rythme et demande des efforts supplémentaires. Mais y a-t-il lieu de prévoir un entraînement régulier et spécifique en côtes pour les coureurs qui adhèrent à la philosophie de *Courir au bon rythme* ? La réponse est non.

Clarifions tout de suite une chose : monter des côtes en entraînement et faire un entraînement en côtes sont deux choses complètement différentes.

L'ENTRAÎNEMENT EN CÔTES

L'entraînement en côtes est un type particulier d'entraînement. Il revient probablement à l'entraîneur légendaire Arthur Lydiard de l'avoir décrit et codifié plus systématiquement. Dans son esprit, l'entraînement en côtes occupe un moment précis dans le cycle de l'entraînement d'un athlète. Il ne dure qu'une courte période et son rôle est de préparer l'athlète au travail de vitesse. Son but n'est donc pas de préparer les coureurs à monter des côtes en compétition.

Improviser des entraînements en côtes est un pari dangereux. Les entraîneurs qui conçoivent ce type d'entraînement pour leurs athlètes définissent avec précision le pourcentage de dénivelé et la longueur de la côte ainsi que la vitesse à laquelle on l'attaque, le temps qu'on y passe, le nombre de répétitions et le mode de récupération (on redescend en courant, en joggant, en marchant, et en combien de temps ?).

Pourquoi tant de précautions ? Parce que les risques sont grands ! S'il est un seul domaine où il faut s'interdire l'improvisation, c'est bien dans la conception d'entraînements en côtes, et ce, que ce soit pour une seule séance ou pour une saison entière. Si vous êtes convaincu de la nécessité d'inclure cet élément dans votre entraînement, consultez un entraîneur expérimenté, discutez-en avec lui et soyez prudent.

MONTER DES CÔTES

Votre meilleure arme pour monter et descendre les côtes en compétitions, c'est votre capacité à courir en R1 et votre bonne forme physique générale. À mesure que progresse votre entraînement et qu'augmente votre expérience, le passage des côtes suscite moins de difficultés.

Le fait est que personne ne court sur un terrain absolument plat. Dans la plupart des régions du Québec, les côtes ne manquent pas. Il se peut que vous vous trouviez dans un environnement qui comporte peu de côtes et que vous manquiez de pratique pour les monter. Choisissez dans ce cas près de chez vous un parcours parsemé de vallons et contentez-vous d'y faire votre sortie la plus longue. Cela devrait être suffisant. C'est la qualité de votre entraînement qui vous permettra de surmonter les dénivelés avec plus de facilité et de courir plus vite sur toutes les distances.

En fait, pour être parfaitement logique, il faudrait non seulement apprendre à monter les pentes de manière efficace, mais aussi à les descendre. Contrairement à la logique, descendre une côte n'est pas nécessairement plus facile que la monter. Certains ont en effet un style et des dispositions naturelles pour bien monter les côtes, ils savent économiser leur énergie et avancer efficacement, mais peinent à les descendre parce qu'ils n'arrivent pas à adopter une technique qui leur permette d'amortir convenablement les chocs. Pour d'autres, c'est le contraire. On le voit dans les courses, certains dépassent les autres en montant puis sont devancés dans la descente. Au final, ceux qui se sont échangé ces positions dans les côtes sont souvent du même calibre et affichent des résultats similaires. Devrait-on en conclure qu'il faudrait aussi improviser des entraînements spécifiques pour apprendre à descendre les côtes ? Bien sûr que non.

Parlant d'obstacles que l'on doit vaincre en compétition, avez-vous déjà participé à certaines courses disputées tôt le printemps ou à l'automne, quand la pluie froide s'allie au vent pour faire obstacle à votre progression, surtout dans les plus longues lignes droites du parcours ? Il faut se battre ! Pourtant je ne connais aucun coureur qui croit utile de s'imposer des entraînements spécifiques pour lutter plus facilement contre le vent ou la pluie battante...

UNE SEULE EXCEPTION

Si nous déconseillons aux coureurs d'improviser des entraînements au cours desquels ils montent et descendent des côtes, nous pensons tout de même qu'il est possible de prendre certaines précautions avant une course de priorité A quand on connaît l'existence et l'emplacement d'un tel obstacle sur le parcours. Dans ce cas, nous vous conseillons de faire certains entraînements spécifiques qui incluront une côte qui possède à peu près le même dénivelé et qui se présente à peu près au même moment dans la course.

UN BON EXEMPLE

Isabelle Ledroit était sélectionnée pour courir le marathon au Championnat du monde d'athlétisme à Edmonton en 2001. C'était à n'en pas douter la course la plus importante de sa carrière d'athlète, sans compter qu'elle demandait une préparation exceptionnelle. Après tout, on ne court pas dans un championnat du monde tous les ans, encore moins dans son propre pays.

Après avoir analysé en détail le profil des dénivelés du parcours, les températures moyennes enregistrées à Edmonton à cette période de l'année ainsi que d'autres particularités, Isabelle et son entraîneur ont convenu de moduler son programme d'entraînement spécifique.

Jean-Yves a alors monté un scénario pour les séances d'entraînement de deux heures d'Isabelle : elles débuteraient à 9 h le matin (heure prévue pour le départ du marathon). Isabelle devait se lancer au R1 et s'en tiendrait à ce rythme en courant sur le plat pendant environ 1 h 15 (comme dans la première portion du parcours). Ayant identifié une similarité entre le dénivelé de la partie accidentée du parcours d'Edmonton et celui du chemin des calèches du mont Royal à Montréal, il fut décidé qu'elle emprunterait ce parcours, au R2, pour la deuxième portion de sa séance d'entraînement, puisqu'il reproduisait les conditions qu'elle aurait à affronter lors du championnat.

Le jour J, la stratégie d'Isabelle était de maintenir un rythme prudent en début de course afin de garder son énergie pour finir l'épreuve en force. L'entraînement et la stratégie portèrent leurs fruits : Isabelle est passée à la demie du marathon en 46e position et l'a terminé en 38e! Dépasser huit athlètes de l'élite internationale pendant la deuxième moitié du parcours du marathon du Championnat du monde d'athlétisme et terminer à cette position est un exploit remarquable.

En conclusion, nous vous conseillons de suivre intégralement les programmes de *Courir au bon rythme* et de ne pas y intégrer un entraînement spécifique en côtes que vous seriez tentés d'improviser. Faites confiance à votre entraînement ; c'est lui qui vous fera grimper les côtes et atteindre des sommets. Profitez du terrain naturel pour augmenter vos habiletés à monter et à descendre des côtes au cours de vos entraînements. Inspirez-vous de l'exemple cité pour mieux vous préparer en vue des compétitions de priorité A.

L'ENTRAÎNEMENT PERSONNALISÉ ET L'ENTRAÎNEMENT COLLECTIF

L'expérience acquise auprès des coureurs sur route du club Les Vainqueurs (Jean-Yves Cloutier) m'a appris qu'il ne faut pas croire dur comme fer que chaque coureur devrait absolument disposer d'un programme d'entraînement individualisé pour pouvoir courir avec son plein potentiel. En fait, je crois qu'il importe davantage que les coureurs entretiennent une relation suivie avec un entraîneur, qu'ils disposent d'un programme correspondant à leur niveau de développement, c'est-à-dire à l'un ou l'autre des 14 niveaux présentés dans *Courir au bon rythme*, et qu'ils aient la possibilité de participer à des entraînements collectifs supervisés par un entraîneur.

En tant qu'entraîneur, j'agis d'abord comme conseiller dans la planification biennale ou annuelle de chacun. Chaque coureur peut en pratique choisir le programme d'entraînement qui convient le plus à son niveau de développement. Au cours des entraînements collectifs supervisés, les coureurs qui font face à des difficultés à l'entraînement ou à la compétition peuvent me consulter pour éventuellement apporter des ajustements à leur programme d'entraînement.

Les coureurs tirent deux autres genres de bénéfices de leur participation aux entraînements collectifs. D'une part, ces derniers étant supervisés, je puis observer et conseiller les coureurs et, d'autre part, les entraînements collectifs donnent aux coureurs l'occasion de partager leurs expériences.

UN CERTAIN CLUB, DIRIGÉ PAR UN CERTAIN ENTRAÎNEUR…

Jean-Yves aime à répéter qu'il a appris l'essentiel de ce qu'il sait quand il s'entraînait lui-même sur la piste sous la férule de M. Benoît Leduc et que sa contribution a consisté à adapter sa philosophie pour qu'elle serve non seulement à l'entraînement de l'élite, mais aussi au développement du coureur récréatif.

Les entraînements du club Regina Mundi, où il s'entraînait alors, avaient lieu trois fois par semaine sur la piste de terre battue du collège Bois-de-Boulogne. Ils étaient alors 70 sur la piste. Mais ce club n'était pas ouvert aux coureurs récréatifs. Les plus «faibles» du club devaient courir le 10 km en 33:30 chez les hommes. Voici quelques-uns des athlètes qui suivaient alors ces entraînements :

- Alain Bordeleau, qui détient encore aujourd'hui le record québécois sur 10 000 m et au marathon et qui a représenté le Canada au marathon des Jeux de Los Angeles ;

- le regretté Philippe Laheurte, qui a laissé sa marque au 1 500 m, aux 3 000 steeple, au 5 000 m et au 10 000 m, l'un des talents les plus importants de cette génération de coureurs de fond ;

- la coureuse olympique Lyzanne Buissières, qui a représenté le Canada à Séoul en 1998 et à Barcelone en 1992, au marathon, ainsi que Hélène Rochefort, également au marathon des Jeux de Séoul en 1998.

Un nombre impressionnant d'athlètes de ce club ont établi des marques qui tiennent toujours au palmarès des 10 meilleures performances de tous les temps établies par un athlète du Québec. On le voit, on ne doit pas craindre les entraînements de groupe sous prétexte qu'ils ne sont pas assez personnalisés. Les ingrédients sont toujours les mêmes : un programme d'entraînement qui correspond au niveau du coureur et la supervision par un entraîneur qualifié.

RENCONTRE AVEC LE PÈRE DU R1

Benoît Leduc, que nous avons interrogé à ce sujet, compare l'entraînement des athlètes à la cuisine. Prenez 10 chefs et demandez-leur de préparer une salade strictement à partir des mêmes ingrédients. Il y a fort à parier que leurs produits finis auront un goût différent, même s'ils sont faits des mêmes ingrédients et que leur recette s'appuie sur les mêmes principes fondamentaux de la cuisine.

Pour entraîner des coureurs, il faut certes des connaissances de la physiologie et de l'entraînement sportif, mais il faut aussi beaucoup d'intuition et d'expérience. À partir des mêmes connaissances et des mêmes principes, deux entraîneurs auront des résultats différents avec le même coureur. La relation entretenue avec l'athlète est le facteur le plus important des succès d'un entraîneur.

Trois facteurs ont contribué au développement de l'approche personnelle conçue par Benoît Leduc pour l'entraînement des athlètes : sa carrière d'éducateur physique au secondaire (ce qu'il appelle son laboratoire), ses années d'entraîneur avec le club Regina Mundi et ses contacts avec les plus grands entraîneurs d'athlétisme du monde, rendus possibles par le succès de ses athlètes et leurs nombreuses participations aux Jeux olympiques et aux championnats du monde d'athlétisme. Son approche est unique et ne cadre parfaitement avec celle d'aucune autre école. Comme il le dit lui-même, il n'était pas un «preneur de recettes». Cela a d'ailleurs toujours laissés perplexes de nombreux universitaires, observateurs, chercheurs et commentateurs du domaine de l'athlétisme. Incapables de saisir toutes les dimensions de cette approche, ils se sont parfois rabattus sur un commentaire dépité : «Votre méthode est empirique... mais elle marche!»

La feuille de route des athlètes de M. Leduc parle d'elle-même. Dans l'histoire, il n'y a eu que cinq coureurs du Québec qui ont fait moins de 2 h 20 au marathon, et Benoît Leduc les a tous entraînés! Il a œuvré avec succès auprès de 600 athlètes et conseillé des dizaines d'entraîneurs. Peut-on vraiment réduire cette approche à quelque chose d'«empirique», comme si elle était improvisée et hasardeuse?

LA SAGESSE DU PÉDAGOGUE

«J'ai toujours prêté autant sinon plus d'attention à ce qu'il y avait dans la tête de mes athlètes que dans leur corps». Autrement dit, Benoît Leduc ne négligeait jamais l'importance de cette bonne vieille dichotomie entre l'attitude et l'aptitude que connaissent tous ceux qui ont enseigné aux enfants. Peu importe le talent que la génétique peut avoir transmis à un athlète, c'est à lui de l'exploiter et de dépasser ses limites, en adoptant une attitude sérieuse et déterminée.. C'est le rôle du coach de faciliter ce processus.

À Raymond Bourque qui voulait, encore adolescent, jouer dans la Ligue nationale, Benoît Leduc avait dit : «Ce n'est pas facile d'atteindre ce niveau-là, il va falloir que tu travailles fort.» Certains l'ignorent, mais jusqu'à la fin de sa carrière exceptionnellement longue et marquée au sceau de la constance et de l'excellence, Raymond Bourque a suivi le programme d'entraînement que lui avait préparé Benoît Leduc pour la saison morte.

Devant quelqu'un qui veut devenir champion provincial, canadien ou courir aux Olympiques, M. Leduc a toujours eu la même attitude. «Je demandais à l'athlète de définir ses objectifs à lui. En tant qu'entraîneur, j'avais mes propres objectifs pour chaque coureur, que je gardais pour moi ; la réalité faisait en sorte qu'on se rejoignait en fin de compte quelque part au milieu. L'important était d'assurer une progression constante de l'athlète, et de garder un peu la bride sur ses ardeurs, de maintenir son engagement à l'égard de ses objectifs et ses idéaux sans l'épuiser ni le décourager.»

L'engagement de l'athlète reste au bout du compte la clé de sa réussite. Des succès obtenus trop rapidement, peuvent tout aussi bien déstabiliser un athlète que de relatifs insuccès. Un record du Québec, réalisé plutôt facilement à 15 ans, ne prépare pas nécessairement l'athlète aux défaites et aux difficultés qui surgiront inévitablement au cours de son développement, notamment chez ces athlètles, qui embrassent progressivement leur nouvelle vie d'adulte. L'entraîneur se doit donc autant de dédramatiser les revers que de relativiser les succès.

C'est donc beaucoup de pédagogie qu'il faut déployer dans le développement des athlètes afin qu'ils gardent la flamme et leur motivation. «Quand tu commences à te dire que tu DOIS aller t'entraîner, c'est le commencement de la fin. Pense à pratiquer un autre sport», disait M. Leduc aux jeunes. Le désir et la volonté d'aller s'entraîner, de courir pour atteindre des objectifs personnels importants demeurent toujours la clé du succès d'un athlète.»

LA SAGESSE DU JARDINIER

Comme nous l'avons déjà dit, les performances d'un jeune athlète ne sont pas garantes de ses succès futurs et vice versa. Michel Brochu, par exemple, ne fut pas sélectionné pour représenter son école au Championnat régional de cross-country quand il était au secondaire et avait Benoît Leduc comme entraîneur et éducateur physique. Quelques années plus tard, en 1991, il réalisait la troisième meilleure performance de l'histoire pour un Québécois au Marathon de Londres (02 h 18:57) et l'année suivante, il stoppait le chrono à 29:39,08 au 10 000 m, ce qui demeure à ce jour la neuvième meilleure performance de tous les temps sur la distance réalisée par un Québécois!

M. Leduc a toujours refusé de spécialiser un athlète de moins de 14 ans, il lui conseillait de pratiquer plusieurs sports, de jouer et de développer différentes habiletés pouvant être mises à profit un jour, s'il devait y avoir spécialisation.

Ce n'est qu'à compter de la troisième année du secondaire que M. Leduc entamait le lent processus de développement des capacités de l'athlète. Dans une entrevue accordée au journaliste Pierre Foglia, de *La Presse*, Benoît Leduc avait comparé l'entraînement d'un athlète à la culture des tomates. Il faut une bonne terre, une bonne irrigation et beaucoup de soins pour que la graine devienne un plant, que le plant arrive à maturité et qu'il donne le meilleur de lui-même. Il faut du temps. C'est un peu la même chose pour développer un athlète sur le plan physique et mental. Le corps humain se développe ainsi et ne peut parvenir à la maturité d'un seul coup. Il lui faut passer par toutes les étapes, de l'enfance à l'âge adulte.

Les entraînements de Benoît Leduc n'étaient pas des entraînements de tout repos, mais ils étaient équilibrés et complets. Une combinaison judicieuse de travail en endurance fondamentale et de travail de vitesse planifiés de manière à exploiter progressivement le potentiel de l'athlète à partir d'assises solides, patiemment construites.

ENTRAÎNER L'ÉLITE

Il y a un type d'athlète pour lequel l'entraînement doit absolument être personnalisé : l'athlète d'élite. Voyons un peu dans quel monde ces coureurs évoluent et ce qu'est un entraînement personnalisé.

Depuis 2008, Jean-Yves est l'entraîneur de Karine Belleau-Béliveau, classée parmi les 100 meilleures au monde au 800 m en 2013 et dont les performances approchent du standard olympique A sur cette distance.

Entraîner une athlète de ce niveau nécessite un programme personnalisé, logique, rigoureux et finement ciselé. Bref, il doit lui convenir parfaitement. Ce programme évolue constamment avec l'athlète, suivant son développement et les événements de sa vie, son état de santé et ses performances. On est loin des grilles d'entraînement établies une fois pour toutes des mois à l'avance.

Pour entraîner un coureur de calibre national et international, il faut toute une équipe : massothérapeute, préparateur physique, nutritionniste et entraîneur, entre autres. L'entraîneur est le chef d'orchestre de cette équipe, celui qui s'assure, avec la complicité de son athlète, de la synchronisation de l'action de tous les membres de l'équipe. Il doit être très motivé et faire montre de beaucoup d'ouverture et de polyvalence.

Prenons un exemple simple. Être en compétition avec les 100 meilleurs athlètes du monde dans sa discipline implique de nombreux déplacements à l'extérieur de la province et du pays. Les compétitions qui réunissent des athlètes de ce niveau sont habituellement organisées hors du pays, aux États-Unis et en Europe. Il faut donc connaître le calendrier de ces compétitions et établir la programmation de l'entraînement en conséquence. On se découvre aussi des talents d'agent de voyages. Mais ce n'est pas tout. Selon les aléas de ce calendrier et les détails de la forme de l'athlète, l'entraîneur doit constamment apporter de petits ajustements à la programmation de son entraînement. Il s'agit parfois de faire en sorte de maintenir le niveau de forme durant les périodes séparant deux compétitions internationales ou encore de moduler les prescriptions de l'entraînement en fonction de l'état de l'athlète. Entraîner un athlète de ce niveau exige une discipline et une gymnastique complexes dont les secrets ne se trouvent pas dans les livres. La communication entre l'athlète et l'entraîneur doit donc être ouverte, sereine et ininterrompue.

On compare souvent l'entraîneur d'un athlète de ce niveau à l'ingénieur d'une équipe de formule 1. Il faut analyser une foule de paramètres et en suivre continuellement l'évolution. Sans se prendre pour quelqu'un qui connaît tout, l'entraîneur joue le rôle de coordonnateur. Par exemple, lorsqu'une athlète comme Karine représente le Canada lors d'une compétition, elle s'entraîne avec les entraîneurs de l'équipe nationale. L'entraîneur de l'athlète doit donc user de tact et faire le pont entre l'entraînement qui lui est suggéré par l'équipe nationale et le plan de match qui était préalablement établi pour l'athlète. Le travail d'équipe dans une aventure comme celle que vit Karine est indispensable.

Trois éléments de l'entraînement d'un athlète d'élite reviennent tous les jours sous la loupe de l'entraîneur et de l'athlète : l'entraînement, la récupération et la compétition.

1. **L'entraînement,** c'est-à-dire le dosage subtil du volume et de l'intensité des séances prévues. Il faut tenir compte de tous les aspects de la technique. Durant la basse saison, l'accent est mis sur la préparation physique générale, la musculation et la souplesse — une phase indispensable pour amener l'athlète à de nouveaux sommets durant la période des compétitions.

2. **La récupération** se conjugue en temps de sommeil, en traitements et en massages. Pour un athlète de ce niveau, on doit s'assurer d'une récupération complète et porter une attention particulière aux séances d'entraînement. Le moindre malaise doit être identifié, même s'il semble anodin, et faire l'objet de mesures pour éliminer tout risque de développement d'une blessure pouvant nuire à la progression de l'athlète. Une blessure identifiée à temps est généralement plus facile à guérir et produit moins de dommages.

3. **Le choix des compétitions,** des stratégies et des tactiques de compétition de même que la visualisation occupent les échanges entre l'athlète et le coach, surtout en haute saison. Le 800 m est l'une des épreuves les plus stratégiques et les plus spectaculaires en athlétisme. Selon les épreuves et les participants, le premier tour de la course sera rapide ou lent et la réaction de l'athlète doit être planifiée en fonction de ses objectifs et du stade précis du développement de sa forme de compétition optimale. Sur le plan tactique, l'athlète doit apprendre à ne pas se laisser prendre au milieu du peloton dans un bouchon.

Voici quelques statistiques pour vous donner une idée. Pour faire le standard olympique A, Karine doit parcourir les 800 m en moins de deux minutes. Les progrès se mesurent en centièmes de secondes. Les tactiques se mesurent aussi à cet étalon. Le temps de passage au premier tour annonce les couleurs de la performance du jour. Généralement, les athlètes à ce niveau perdent 3 à 4 s sur le deuxième tour. Pour espérer atteindre le standard olympique, Karine doit donc faire, pour son premier tour, un temps qui se situe entre 57 et 58 secondes. Chaque compétition a sa propre histoire et son propre potentiel : le peloton est-il relevé ? Jouera-t-il le premier tour en se réservant ? Y aura-t-il du vent ? A-t-on engagé un lapin ? Quels sont les enjeux de la course pour les adversaires ? L'athlète se sent-il d'attaque, est-il reposé et en pleine possession de ses moyens ? Quand on joue avec les centièmes de secondes sur deux minutes, chacun de ces facteurs a des conséquences sur le résultat de la compétition et peut faire la différence entre une bonne performance, un nouveau record personnel et l'établissement d'un nouveau standard.

Le financement constitue le dernier élément essentiel au développement d'un athlète à ce niveau. L'argent est encore le nerf de la guerre, même (surtout ?) dans le sport amateur. Les athlètes qui parviennent à se hisser dans le top 100 mondial au 800 m, comme dans bien d'autres disciplines olympiques, ne peuvent se permettre d'occuper un emploi comme vous et moi. La dernière seconde ou ces quelques centièmes de seconde ne peuvent être retranchés sans un engagement de tous les instants. On doit penser commandite, collecte de fonds, sollicitation et visibilité pour donner les conditions d'entraînement optimales à l'athlète et ainsi lui permettre d'aller au bout de ses talents. Obtenir une commandite n'est pas chose facile. L'athlète doit dominer son sport sur la scène locale, faire des représentations, se présenter en public et aux médias. La chance a souri à Karine, qui peut compter sur une commandite des plus précieuses pour la réalisation de ses rêves.

Voilà brièvement ce que signifie s'entraîner comme un athlète de l'élite et suivre un programme d'entraînement personnalisé. C'est là que nous aura conduits cette visite à l'école des philosophies d'entraînement. C'est là, le noyau dur qui se trouve au centre de la philosophie et des programmes d'entraînement de *Courir au bon rythme*.

6:00,00

CONCLUSION

UNE VAGUE, DEUX VAGUES ET APRÈS?

Comment faire en sorte que la vague actuelle de popularité de la course à pied se perpétue, qu'elle soit plus qu'une mode passagère et qu'elle marque le début de quelque chose de permanent et de significatif ? On peut bien rêver pour conclure la merveilleuse aventure de *Courir au bon rythme*! Voici donc un programme» en sept points, notre liste «top»!

7. ACCROÎTRE LA PLACE DE L'ATHLÉTISME ET DE LA COURSE SUR ROUTE DANS LES MÉDIAS

Personne n'ignore l'impact des médias. À l'heure actuelle, ces derniers reflètent mal ce qui se passe en athlétisme et en course sur route au Québec. Ce n'est pas nouveau. Ce qui est nouveau, c'est la croissance phénoménale du nombre de coureurs au Québec depuis quelques années. Aussi étonnant que cela puisse paraître, le fait est qu'aujourd'hui, il y a plus de Québécois qui pratiquent la course à pied qu'il y en a qui pratiquent le hockey[1]. Il nous paraît tout à fait opportun que cette nouvelle réalité se trouve reflétée dans les médias. Les coureurs sont aussi des lecteurs !

L'explication que nous avons avancée dans *Courir au bon rythme*, voulant que l'absence de journalistes spécialisés en athlétisme et en course sur route était à la source du silence des médias sur la naissance de la vague de popularité actuelle, ne tient plus.

Il y a maintenant des sources fiables et nombreuses qui suivent l'actualité de la course à pied et de l'athlétisme. En plus des chroniqueurs de Courir.org (dont certains œuvrent depuis plus de 10 ans),

---

1   « Le nombre de joueurs a augmenté de 85 000 à 110 000 au Québec au cours des dernières années », a déclaré le directeur général de Hockey Québec, Sylvain Lalonde. Cité par Louis Fournier, en marge du premier sommet sur le hockey en août 2011, RDS, Le Grand Club, [En ligne], http://legrandclub.rds.ca/profils/696649/posts/117212/public (page consultée le 9 août 2013).

on peut aussi compter sur les rédacteurs de la revue KMag, qui sont de service depuis la parution de *Courir au bon rythme*, et sur ceux de la revue Zatopek depuis un peu plus d'un an. On peut aussi compter sur une équipe d'historiens sérieux menée par Paul Foisy sur le site de Sport et société , et sur Réjean Gagné, un statisticien passionné, sur Iskio.ca. De plus, depuis deux ans, la littérature sur la course à pied au Québec a complètement été renouvelée, avec la publication de huit ouvrages ! Et je passe les sites web des promoteurs de compétitions, de la fédération, des clubs d'athlétisme et des coureurs sur route ainsi que les nombreux blogues des quatre coins du Québec, y compris ceux de journalistes chevronnés comme Yves Boisvert ou Frédéric Plante, respectivement de *La Presse* et de RDS.

Nous devons travailler à ce que les médias affectent un journaliste à la couverture régulière de l'athlétisme et de la course sur route et à ce que cette couverture ne se limite plus aux seuls reportages sur les Jeux olympiques ou sur le Marathon de Montréal. À nous de les relancer et de proposer des collaborations spéciales. Notre milieu doit alimenter les médias et y faire sa place.

FAIRE CONNAÎTRE NOS CHAMPIONS AU GRAND PUBLIC

Améliorer la couverture médiatique de notre sport consiste aussi à faire connaître notre élite et les exploits sportifs de nos meilleurs. On ne rend pas tout à fait justice aux athlètes quand on passe pratiquement sous silence la performance des gagnants du Marathon de Montréal pour se concentrer sur l'aspect social et populaire de l'événement. C'est une question d'équilibre.

Le grand public se passionne pour les exploits des vedettes montantes dans la plupart des sports, surtout quand ils progressent dans l'élite mondiale. Les médias jouent un rôle extraordinaire à cet égard. Voyez comment nous suivons dans les médias, par exemple, les péripéties des qualifications et des performances de nos meilleures raquettes, patineurs sur courte piste, cyclistes ou plongeurs. Au tennis, nous suivons tous avec grand intérêt la progression sensationnelle d'Eugénie Bouchard. Nous sommes mis au courant de chacune de ses participations à des tournois internationaux et nous nous réjouissons collectivement de chacun de ses exploits.

En favorisant une meilleure couverture de l'athlétisme dans les médias, le public se passionnera aussi pour l'élite de notre sport. Car le fait est que l'athlétisme a aussi ses vedettes montantes! Karine Belleau-Béliveau, pour n'en nommer qu'une, fait partie des 100 premières au monde au 800 m, l'une des distances les plus difficiles en athlétisme. Elle participe régulièrement à des épreuves partout dans le monde et connaît une progression remarquable. Les reportages à son sujet dans les médias ont énormément participé au développement de sa carrière, notamment auprès de commanditaires. Nous sommes convaincus que le public se passionnerait tout autant pour sa progression que pour celle d'autres athlètes, aussi méritants, dans les autres sports. Et pas seulement que pour elle! Pensez, entre autres, à Kimberley Hyacinthe, trente-deuxième au monde au 200 m (au moment d'écrire ces lignes) et qui participe aux épreuves internationales de la Diamond League...

6. NOUS UNIR DANS LA FÉDÉRATION QUÉBÉCOISE D'ATHLÉTISME[2]

Pour des raisons historiques sur lesquelles il ne sert à rien de s'étendre ici, la Fédération québécoise d'athlétisme n'a jamais réussi à réellement intégrer dans ses rangs les coureurs sur route. Elle se trouve en déficit de dizaines de milliers de membres et s'en trouve considérablement affectée. L'organisation de notre sport n'en que plus fragile.

Ceux qui pratiquent le soccer, le hockey ou le judo sont membres de leur fédération. C'est l'un des avantages majeurs que la majorité des autres sports détiennent sur la course à pied.

L'athlétisme gagnerait immensément si nous parvenions à changer cette situation. Deux actions nous paraissent déterminantes et à notre portée dans un avenir rapproché :

(1) Que par principe, les coureurs sur route adhèrent massivement à la fédération ;

(2) Que la fédération ouvre ses structures pour accueillir formellement et une fois pour toutes les coureurs sur route afin de donner non seulement aux athlètes, mais aussi aux entraîneurs, aux clubs et aux promoteurs leurs propres instances de développement.

2 http://athletisme-quebec.ca

Le vieux fossé qui divise l'athlétisme de sa composante de course sur route doit être enfin remblayé. Chaque dimension de notre sport y trouvera ainsi les pleins leviers de son développement. Cela demandera une ouverture de la part du milieu de l'athlétisme et l'abandon d'une certaine mentalité de clocher en faveur d'un esprit de collaboration, d'innovation et d'unité. Il faudra éviter l'improvisation et réellement se pencher sur les meilleures pratiques pour répondre aux besoins des coureurs récréatifs et compétitifs. Mais le jeu en vaut la chandelle. L'athlétisme en sera d'ailleurs le premier gagnant. De grands projets et de grands développements sont possibles quand on unit nos forces.

5. CONSTRUIRE DES INFRASTRUCTURES POUR LES COUREURS

À Ottawa, depuis belle lurette, les clubs d'athlétisme et de course sur route ont réussi à regrouper les athlètes et à se donner une structure de communication et de coordination. Ils travaillent ensemble dans le Ottawa Lions Track and Field Club[3]. La nouvelle popularité de la course à pied a donné l'occasion à ce regroupement de réaliser un grand projet et de faire construire une piste intérieure de 400 m à laquelle tous les coureurs de la région ont accès.

Voilà un exemple des grandes choses que l'on peut accomplir quand on s'unit et qu'on s'organise. Au Québec, le nombre de pistes d'athlétisme est en constante régression depuis les années qui ont immédiatement suivi les Jeux olympiques de Montréal. La liste des infrastructures qui ont disparu est longue, des pistes d'athlétisme du parc Jarry et du Parc olympique à celles de très nombreuses écoles secondaires laissées à l'abandon. Les installations qui restent, sauf exception, ont besoin de rénovation et de nouveaux modes de gestion, surtout en ce qui concerne l'entraînement des athlètes d'élite. Au nombre de coureurs que nous sommes aujourd'hui, on peut agir et se donner les moyens qui nous manquent...

3   http://ottawalions.com

4. CRÉER UN CLUB D'ATHLÉTISME DANS CHAQUE MUNICIPALITÉ

L'ossature de l'organisation de tous les sports fédérés, c'est le club local. Toutes les formules sont possibles et imaginables pour regrouper les athlètes et les coureurs, mais la création de clubs assure la pérennité et le développement du sport. Les regroupements informels vont et viennent avec les vagues ; les clubs, eux, demeurent. En combinant les ressources du monde de l'éducation et du monde municipal, on pourrait s'assurer sans trop de difficulté de l'existence d'un club d'athlétisme et de coureurs sur route dans chaque municipalité du Québec. Les responsables des loisirs et des sports devraient soutenir les initiatives du milieu en mettant à la disposition des coureurs des infrastructures et du soutien, en particulier du côté de la formation d'entraîneurs qualifiés et de l'organisation du sport parmi les plus jeunes. Pour faciliter cette collaboration, la recette la plus productive nous apparaît être celle d'un club unique dans chaque municipalité, mariant les activités de l'athlétisme (toutes catégories) et de la course sur route. Les autorités pourraient ainsi disposer d'un seul interlocuteur dans ce dossier, comme dans presque tous les autres sports.

Savez-vous combien les municipalités dépensent pour diminuer la facture que doit payer chaque joueur de hockey de votre municipalité ? Vous seriez étonné ! Si c'est possible pour le hockey, pourquoi pas pour l'athlétisme et la course sur route ? Et dans le cas de l'athlétisme, on parle d'investissements incomparablement moins onéreux…

3. CONTRIBUER AU DÉVELOPPEMENT DE L'ATHLÉTISME AU QUÉBEC

Il n'y avait que trois Québécois dans l'équipe canadienne au Championnat du monde d'athlétisme disputé en août 2013, en Russie. C'est peu. Une seule de ces athlètes s'entraîne au Québec sous la direction d'un entraîneur québécois et deux de ces trois athlètes sont membres du même club. On devrait pouvoir faire mieux !

Un immense travail est à faire pour le développement de l'athlétisme au Québec et les coureurs sur route sont à même de faire une contribution majeure à cet égard. Nous pourrions comme nous le suggérions précédemment, inciter les promoteurs à verser une partie des recettes des compétitions de course sur route pour financer les clubs d'athlétisme locaux, le développement des talents et la formation des entraîneurs de partout en province. Avec ces revenus, nous pourrions donner un élan à la détection de talents et au développement de l'athlétisme chez les jeunes au sein des clubs.

2. REDONNER AU SPORT UNE PARTIE DE CE QUE L'ON A REÇU

Richard Robitaille, extraordinaire conférencier dans le domaine du développement personnel, est un passionné de basketball. À la fin de sa conférence sur « L'art de prendre soin de soi et des autres », il raconte comment il finit une saison avec les athlètes qu'il a entraînés. Passant de l'un à l'autre, Richard Robillard pose une simple question :

« Depuis combien de temps joues-tu au basketball ? »

« Trois ans, monsieur. »

« Alors, tu dois trois ans à ton sport. »

C'est bref, mais tout est dit.

Et vous, depuis combien de temps courez-vous ?

Si chacun de nous ne remettait ne serait-ce qu'une partie de ce que le sport lui a donné, nous aurions non seulement profité de cette vague pour mieux vivre, mais pour faire en sorte que demain, d'autres encore en aient l'occasion. Il y a mille façons de le faire : devenir membre de la fédération, agir comme bénévole dans une épreuve au moins une fois par année, participer à l'administration d'un club ou d'un événement, devenir entraîneur ou entraîneur adjoint, seconder un entraîneur à l'œuvre auprès des enfants...

1. GARDER L'ESPRIT *SPIRIDON*

En 1978, un groupe de coureurs français définissait dans un texte de la revue du même nom les six règles de l'esprit Spiridon, esprit qui caractérise la grande majorité des coureurs du Québec. Il nous parle de ce que c'est que de devenir un coureur avec un grand C.

L'Esprit Spiridon, c'est… l'amitié d'abord.

1. C'est veiller à ce que tous les coureurs soient traités sur un pied d'égalité.

2. C'est faire en sorte que dans la course comme dans la vie, la personne prime toujours sur l'athlète ou la performance.

3. C'est ne pas critiquer, mais s'informer ; c'est ne pas imposer, mais suggérer ; c'est ne pas diriger, mais influencer ; c'est prêter assistance.

4. C'est faire en sorte que la course ne prenne jamais le pas sur les choses les plus importantes : la famille et l'amitié.

5. C'est avant tout le sourire ; c'est préserver le plaisir au cœur de la course et toujours privilégier la franche rigolade, avant et après l'effort.

Le meilleur moyen de garder l'esprit *Spiridon*, de s'améliorer en compétition et de profiter de la course à pied tout au long de sa vie si on le désire, c'est de courir au bon rythme ! C'est ce que nous vous souhaitons, chers lecteurs.

ANNEXES

ANNEXE 1
POUR VOTRE RÉFÉRENCE

Les temps de passage ont été pris sur toutes les distances en fonction d'une vitesse constante exprimée en km/h et en min/km.

Exemple : un athlète courant à 20 km/h, ou à 3 min/km, franchira 5 km en 15 min et 40 km en 2 h si sa vitesse est constante.

(Voir tableau des temps de passage à la page suivante.)

TABLEAU DES TEMPS DE PASSAGE

ANNEXES

COURIR AU BON RYTHME 2

km/h	1 km	5 km	10 km	15 km	20 km	21,1 km
20,000	3:00	15:00	30:00	45:00	1h00:00	1h03:17
18,945	3:10	15:50	31:40	47:30	1h03:20	1h06:48
18,000	3:20	16:40	33:20	50:00	1h06:40	1h10:20
17,142	3:30	17:30	35:00	52:30	1h10:00	1h13:51
16,363	3:40	18:20	36:40	55:00	1h13:20	1h17:22
15,652	3:50	19:10	38:20	57:30	1h16:40	1h20:53
15,000	4:00	20:00	40:00	1h00:00	1h20:00	1h24:24
14,400	4:10	20:50	41:30	1h02:30	1h23:20	1h27:55
13,846	4:20	21:40	43:20	1h05:00	1h26:40	1h31:26
13,333	4:30	22:30	45:00	1h07:30	1h30:00	1h34:57
12,857	4:40	23:00	46:40	1h10:00	1h33:20	1h38:28
12,413	4:50	24:10	48:20	1h12:30	1h36:40	1h41:59
12,000	5:00	25:00	50:00	1h15:00	1h40:00	1h45:30
11 612	5:10	25:50	51:40	1h17:30	1h43:20	1h49:00
11,250	5:20	26:40	53:20	1h20:00	1h46:40	1h52:30
10,909	5:30	27:30	55:00	1h22:30	1h50:00	1h56:00
10,588	5:40	28:20	56:40	1h25:00	1h53:20	1h59:30
10,285	5:50	29:10	58:20	1h27:30	1h56:40	2h03:00
10,000	6:00	30:00	1h00:00	1h30:00	2h00:00	2h06:30
9,729	6:10	30:50	1h01:40	1h32:30	2h03:20	2h10:00
9,473	6:20	31:40	1h03:20	1h35:00	2h06:40	2h13:30
9,230	6:30	32:30	1h05:00	1h37:30	2h10:00	2h17:00
9,000	6:40	33:20	1h06:40	1h40:00	2h13:20	2h20:30
8,780	6:50	34:10	1h08:20	1h42:30	2h16:40	2h24:00
8,571	7:00	35:00	1h10:00	1h45:00	2h20:00	2h27:30
8,372	7:10	35:50	1h11:40	1h47:30	2h23:20	2h31:00
8,181	7:20	36:40	1h13:20	1h50:00	2h26:40	2h34:30
8,000	7:30	37:30	1h15:00	1h52:30	2h30:00	2h38:00
7,826	7:40	38:20	1h16:40	1h55:00	2h33:20	2h40:46
7,659	7:50	39:10	1h18:20	1h57:30	2h36:40	2h45:17
7,500	8:00	40:00	1h20:00	2h00:00	2h40:00	2h48:48
7,346	8:10	40:50	1h21:40	2h02:40	2h43:20	2h52:19
7,200	8:20	41:40	1h23:20	2h05:00	2h46:40	2h55:50
7,058	8:30	42:30	1h25:00	2h07:30	2h50:00	2h59:21
6,923	8:40	43:20	1h26:40	2h10:00	2h53:20	3h02:52
6,792	8:50	44:10	1h28:20	2h12:30	2h56:40	3h06:23

TABLEAU DES TEMPS DE PASSAGE (SUITE)

km/h	1 km	25 km	30 km	35 km	40 km	42,195 km
20,000	3:00	1h15:00	1h30:00	1h45:00	2h00:00	2h06:35
18,945	3:10	1h19:10	1h35:00	1h50:00	2h06:00	2h13:37
18,000	3:20	1h23:20	1h40:00	1h56:00	2h13:00	2h20:39
17,142	3:30	1h27:30	1h45:00	2h02:00	2h20:00	2h27:41
16,363	3:40	1h31:40	1h50:00	2h08:00	2h26:00	2h34:43
15,652	3:50	1h35:50	1h55:00	2h14:00	2h33:00	2h41:45
15,000	4:00	1h40:00	2h00:00	2h20:00	2h40:00	2h48:46
14,400	4:10	1h44:10	2h05:00	2h25:00	2h46:00	2h55:48
13,846	4:20	1h48:20	2h10:00	2h31:00	2h53:00	3h02:50
13,333	4:30	1h52:30	2h15:00	2h37:00	3h00:00	3h09:52
12,857	4:40	1h56:40	2h20:00	2h43:00	3h06:00	3h16:54
12,413	4:50	2h00:50	2h25:00	2h49:00	3h13:00	3h23:56
12,000	5:00	2h05:00	2h30:00	2h55:00	3h20:00	3h31:00
11 612	5:10	2h09:10	2h35:00	3h00:00	3h26:00	3h38:00
11,250	5:20	2h13:20	2h40:00	3h06:00	3h33:00	3h45:00
10,909	5:30	2h17:30	2h45:00	3h12:00	3h40:00	3h52:00
10,588	5:40	3h21:40	2h50:00	3h18:00	3h46:00	3h59:00
10,285	5:50	2h25:50	2h55:00	3h24:00	3h53:00	4h06:00
10,000	6:00	2h30:00	3h00:00	3h30:00	4h00:00	4h13:00
9,729	6:10	2h34:10	3h05:00	3h35:00	4h06:00	4h20:00
9,473	6:20	2h38:20	3h10:00	3h41:00	4h13:00	4h27:00
9,230	6:30	2h42:30	3h15:00	3h47:00	4h20:00	4h34:00
9,000	6:40	2h46:40	3h20:00	3h53:00	4h26:00	4h41:00
8,780	6:50	2h50:50	3h25:00	3h59:00	4h33:00	4h48:00
8,571	7:00	2h55:00	3h30:00	4h05:00	4h40:00	4h55:00
8,372	7:10	2h59:10	3h35:00	4h10:00	4h46:00	5h02:00
8,181	7:20	3h03:20	3h40:00	4h16:00	4h53:00	5h09:00
8,000	7:30	3h07:30	3h45:00	4h22:00	5h00:00	5h16:00
7,826	7:40	3h11:40	3h50:00	4h28:00	5h06:00	5h23:32
7,659	7:50	3h15:20	3h55:00	4h34:00	5h13:00	5h30:34
7,500	8:00	3h20:00	4h00:00	4h40:00	5h19:00	5h37:36
7,346	8:10	3h24:10	4h05:00	4h46:00	5h26:00	5h44:38
7,200	8:20	3h28:20	4h10:00	4h51:00	5h33:00	5h51:40
7,058	8:30	3h32:30	4h15:00	4h57:00	5h40:00	5h58:42
6,923	8:40	3h36:40	4h20:00	5h03:00	5h46:00	6h05:44
6,792	8:50	3h40:50	4h25:00	5h09:00	5h53:00	6h12:46

ANNEXE 2
LA TABLE DE POINTAGE CYCLIDE-MERCIER :

Elle sert à :

1. établir la valeur relative de votre performance ;

2. comparer les performances
- entre différentes distances,
- entre hommes et femmes,
- pour différents âges ;

3. connaître sa meilleure épreuve.

La table de pointage Cyclide-Mercier n'est pas conçue pour faire des prédictions de performance.

Par exemple, le sprinter québécois Bruny Surin a couru le 100 m en 9,84 s en 1999, ce qui vaut 987 points et qui équivaut à 2 h 04 : 18 sur un marathon. Ce sont des performances de même valeur, mais jamais Bruny n'aurait pu courir un marathon à cette vitesse.

On n'a pas des performances de même valeur sur toutes les distances. Certaines personnes sont plus rapides, d'autres plus endurantes. C'est une question d'hérédité et... d'entraînement.

La table de pointage Cyclide-Mercier vous permet donc de connaître l'épreuve sur laquelle vous êtes le plus performant, c'est-à-dire celle sur laquelle vous obtenez le plus de points.

Dans les extraits de la table qui suivent, vous trouverez les pointages attribués aux hommes et aux femmes de 20, 40 et 60 ans sur les distances de 5 km, 10 km, 15 km, 20 km, demi-marathon et marathon.

Un outil précieux !

Table de pointage Cyclide-Mercier en 5 km à marathon

Hommes en 20, 40, 60 ans

20 ans	5 km	10 km	15 km	20 km	Demi-marathon	Marathon
1000	0:12:40	0:26:25	0:40:34	0:55:05	0:58:20	2:03:27
900	0:13:40	0:28:32	0:43:51	0:59:35	1:03:04	2:13:39
800	0:14:53	0:31:08	0:47:52	1:05:03	1:08:52	2:26:05
750	0:15:36	0:32:39	0:50:14	1:08:16	1:12:17	2:33:23
700	0:16:24	0:34:22	0:52:53	1:11:53	1:16:06	2:41:35
650	0:17:19	0:36:18	0:55:52	1:15:58	1:20:25	2:50:50
600	0:18:21	0:38:30	0:59:17	1:20:36	1:25:20	3:01:22
550	0:19:32	0:41:01	1:03:11	1:25:56	1:30:59	3:13:27
500	0:20:55	0:43:57	1:07:43	1:32:06	1:37:31	3:27:26
450	0:22:33	0:47:24	1:13:02	1:39:21	1:45:11	3:43:49
400	0:24:28	0:51:29	1:19:21	1:47:57	1:54:17	4:03:16
300	0:29:39	1:02:30	1:36:22	2:11:06	2:18:48	4:55:33

40 ans	5 km	10 km	15 km	20 km	Demi-marathon	Marathon
1000	0:13:10	0:27:30	0:42:16	0:57:24	1:00:46	2:08:43
900	0:14:24	0:30:07	0:46:18	1:02:55	1:06:37	2:21:15
800	0:15:55	0:33:19	0:51:16	1:09:41	1:13:47	2:36:37
750	0:16:48	0:35:12	0:54:11	1:13:40	1:18:00	2:45:40
700	0:17:48	0:37:20	0:57:29	1:18:09	1:22:44	2:55:50
650	0:18:56	0:39:44	1:01:12	1:23:13	1:28:07	3:07:20
600	0:20:14	0:42:28	1:05:27	1:29:00	1:34:14	3:20:26
550	0:21:43	0:45:37	1:10:19	1:35:39	1:41:16	3:35:30
500	0:23:26	0:49:17	1:15:59	1:43:22	1:49:26	3:52:58
450	0:25:28	0:53:35	1:22:38	1:52:25	1:59:02	4:13:28
400	0:27:53	0:58:43	1:30:33	2:03:12	2:10:26	4:37:49
300	0:34:24	1:12:32	1:51:52	2:32:13	2:41:10	5:43:20

60 ans	5 km	10 km	15 km	20 km	Demi-marathon	Marathon
1000	0:15:23	0:32:10	0:49:30	1:07:17	1:11:14	2:31:11
900	0:17:04	0:35:45	0:55:03	1:14:51	1:19:15	2:48:24
800	0:19:09	0:40:11	1:01:55	1:24:12	1:29:09	3:09:39
750	0:20:24	0:42:49	1:05:59	1:29:45	1:35:01	3:22:14
700	0:21:48	0:45:47	1:10:35	1:36:01	1:41:39	3:36:25
650	0:23:23	0:49:09	1:15:48	1:43:07	1:49:11	3:52:31
600	0:25:13	0:53:01	1:21:46	1:51:16	1:57:48	4:10:56
550	0:27:19	0:57:29	1:28:40	2:00:39	2:07:44	4:32:10
500	0:29:46	1:02:40	1:36:41	2:11:35	2:19:19	4:56:52
450	0:32:39	1:08:47	1:46:08	2:24:27	2:32:56	5:25:57
400	0:36:05	1:16:05	1:57:24	2:39:47	2:49:10	6:00:35
300	0:45:23	1:35:48	2:27:49	3:21:10	3:32:59	7:34:02

(Daniel Mercier, Cyclide, mai 2013)

Table de pointage Cyclide-Mercier au 5 km à marathon
Femmes en 20, 40, 60 ans

20 ans	5 km	10 km	15 km	20 km	Demi-marathon	Marathon
1000	0:14:22	0:30:16	0:46:36	1:03:20	1:07:03	2:20:03
900	0:15:38	0:32:59	0:50:48	1:09:04	1:13:08	2:32:54
800	0:17:13	0:36:22	0:56:02	1:16:12	1:20:41	2:48:52
750	0:18:09	0:38:23	0:59:09	1:20:27	1:25:10	2:58:22
700	0:19:13	0:40:40	1:02:41	1:25:16	1:30:17	3:09:10
650	0:20:27	0:43:17	1:06:44	1:30:47	1:36:07	3:21:31
600	0:21:52	0:46:18	1:11:24	1:37:09	1:42:51	3:35:47
550	0:23:31	0:49:50	1:16:51	1:44:35	1:50:43	3:52:26
500	0:25:29	0:54:00	1:23:18	1:53:21	2:00:01	4:12:07
450	0:27:50	0:59:01	1:31:02	2:03:52	2:11:09	4:35:43
400	0:30:42	1:05:08	1:40:28	2:16:42	2:24:44	5:04:31
300	0:38:55	1:22:35	2:07:19	2:53:12	3:03:22	6:26:28

40 ans	5 km	10 km	15 km	20 km	Demi-marathon	Marathon
1000	0:15:01	0:31:41	0:48:46	1:06:18	1:10:12	2:26:41
900	0:16:34	0:34:59	0:53:53	1:13:17	1:17:35	2:42:19
800	0:18:29	0:39:06	1:00:16	1:21:59	1:26:48	3:01:47
750	0:19:38	0:41:33	1:04:05	1:27:11	1:32:18	3:13:25
700	0:20:57	0:44:21	1:08:25	1:33:05	1:38:33	3:26:38
650	0:22:27	0:47:34	1:13:23	1:39:51	1:45:43	3:41:46
600	0:24:12	0:51:17	1:19:07	1:47:40	1:54:00	3:59:17
550	0:26:14	0:55:37	1:25:50	1:56:48	2:03:40	4:19:45
500	0:28:39	1:00:46	1:33:46	2:07:37	2:15:06	4:43:58
450	0:31:32	1:06:56	1:43:17	2:20:35	2:28:50	5:13:02
400	0:35:05	1:14:29	1:54:56	2:36:25	2:45:36	5:48:32
300	0:45:14	1:36:01	2:28:03	3:21:26	3:33:16	7:29:37

60 ans	5 km	10 km	15 km	20 km	Demi-marathon	Marathon
1000	0:17:53	0:37:48	0:58:16	1:19:16	1:23:56	2:55:39
900	0:19:59	0:42:18	1:05:15	1:28:47	1:34:00	3:16:56
800	0:22:38	0:47:57	1:14:00	1:40:42	1:46:37	3:43:36
750	0:24:13	0:51:20	1:19:14	1:47:51	1:54:11	3:59:34
700	0:26:01	0:55:12	1:25:13	1:56:00	2:02:48	4:17:47
650	0:28:06	0:59:39	1:32:05	2:05:21	2:12:42	4:38:42
600	0:30:31	1:04:48	1:40:02	2:16:11	2:24:11	5:02:57
550	0:33:21	1:10:50	1:49:22	2:28:52	2:37:37	5:31:21
500	0:36:42	1:18:00	2:00:24	2:43:54	2:53:32	6:05:01
450	0:40:44	1:26:36	2:13:41	3:01:59	3:12:40	6:45:29
400	0:45:40	1:37:09	2:29:55	3:24:04	3:36:03	7:34:58
300	0:59:41	2:07:09	3:16:07	4:26:51	4:42:32	9:55:51

(Daniel Mercier, Cyclide, mai 2013)

ANNEXES

167:00

COURIR AU BON RYTHME 2